돈키호테의 말

돈키호테의 말

세상에서 가장 아름다운 광인이
들려주는 인생의 지혜

안영옥 지음

그린비

일러두기

- 이 책의 『돈키호테』 인용문은 열린책들 판본(미겔 데 세르반테스 사아베드라, 『돈키호테』 1·2권, 안영옥 옮김, 열린책들, 2014년)을 기준으로 한다. 출처 표기 중 〈전편〉과 〈속편〉은 각각 『돈키호테 1』, 『돈키호테 2』를 의미하며, 장 번호는 각 권의 장 번호에 대응한다.
- 인용문은 대체로 번역문을 그대로 옮겼으나, 가독성을 고려하여 일부 표현을 줄이거나 생략했다.

이 책은 실로 꿰매어 제본하는 정통적인 사철 방식으로 만들어졌습니다.
사철 방식으로 제본된 책은 오랫동안 보관해도 손상되지 않습니다.

여는 글

아이들은 손으로 가지고 놀고, 젊은이들은 읽으며, 어른들은 이해하며, 노인들은 기린답니다.(속편 3장)

『돈키호테』는 살아 있는 책입니다. 재미있고 흥미로운 이야기를 들려주어 웃게 만들고 감동으로 우리를 울리면서 삶에 많은 영향력을 행사하고 있어서 그렇습니다. 그런데 각자의 인생 경험과 독서 수준에 따라 그 영향에 차이가 있습니다. 이 〈인류의 바이블〉을 두고 생각했습니다. 〈봄이 아름다운 건 겨울의 삭풍을 겪었을 때나 알 수 있다. 살면서 겪어 온 숱한 시련과 상처들이 아무런 의미 없이 주어진 것은 아니었을 터.〉 뒤돌아보면 부끄럽기만 한 삶이 누구에게도 반복되지 않도록 『돈키호테』가 울려 준 내 영혼을 같이 나눠 보고자 이 글을 준비했습니다.

『돈키호테』를 번역하고, 또 해설서를 내놓았지만 아쉬움이 있었습니다. 사금 같은 알갱이들은 좌르륵 빠지고 외피만 소개한 기분이 들어서였습니다. 알갱이들을 전할 수 있다면 하는 바람이 컸습니다. 그러던 차에 감사하게도 이런 메일들을 받았습니다.

〈사무실에 걸어 두고 되새길 수 있는 문구 하나 소개해 주세요.〉 작은 회사를 책임지고 있는 40대 독자라 했습니다. 〈번역문에서 이러한 글이 참 좋은데, 원문을 소개해 주실 수 있으신지요.〉 열정으로 사는 대학생인데, 원문으로 타투를 하겠다고 합니다. 〈『돈키호테』가 세계 제일의 문학 작품이란 사실을 명문으로도 알 수 있었습니다. 제 삶의 등대가 될 겁니다.〉 출퇴근 시간 전철에서 완독했다는 30대 여성 직장인이라고 했습니다. 〈진즉에 알았더라면 하는 후회가 있습니다. 지금이라도 마음에 담고 살 수 있어 감사합니다.〉 50대 수형자가 보내 온 편지글입니다. 이런저런 독자들의 부탁과 고무적인 말들이 내놓기 민망한 나의 일까지 털어놓게 만든 힘이었습니다.

주변 사람들을 보면 열에 일곱은 살아온 삶을 후회한다고 합니다. 나부터 그렇습니다. 하늘은 우리에게 두 번의 인생을 허락하지 않는다는 생각에 전율이 입니다. 단 한

번뿐인 삶을 실수와 후회로 채우기엔 인생이 너무나 소중하다는 뒤늦은 깨달음이 참으로 아픕니다. 돌아갈 시간이 없어 더 아픕니다. 20대에 40대의 삶을 염두에 두고, 40대에 60대의 삶을 생각할 수 있는 지혜로 산다면 육체가 이 땅에서 사라진 뒤에도 추억할 흔적으로 남을 수 있을 것 같습니다. 나 역시 돈키호테의 말을 벽에 걸어 두고 내 자신과 싸우고 있습니다.

펜은 영혼의 혀입니다. 영혼에서 싹튼 생각이 정결하면 작품 또한 그렇게 될 테지요.(속편 16장)

돈키호테의 말에 내 삶과 생각을 얹었습니다. 더 나은 삶을 위해 잊지 말아야 할 가치들에 대한 이야기입니다. 넓은 마음으로 찬찬히 읽어 주면 좋겠습니다.

아직 햇살이 고마운 3월에
안영옥

차례

여는 글   5
프롤로그   13

1
인생의 주인공으로
우뚝 서기

자신을 알라   31
인정 욕구   37
행동이 나를 설명합니다   41
운명은 주어지는 게 아니라 창조하는 것   47
비교하는 삶   53
행복할 시간이 많지 않다   59
나의 가치를 존중하기   65
나와 싸워 이기는 법   69
명예를 아는 자   75
스스로를 등불 삼아   81
당신이 앉는 자리가 상석입니다   87

2
어떻게 살고,
어떻게 죽을 것인가

양심이 이끄는 삶 93

인생의 재미 99

고마워할 줄 아는 마음 105

목표를 향한 열정 109

같이 가는 삶 117

악을 악으로 갚지 않기 123

삶은 감동입니다 131

우정에 관하여 137

사랑에 관하여 141

마음으로 보는 법 147

묘비명 151

죽음에 관하여 155

불멸에 관하여 161

한 알의 밀알 165

3
세상과 싸워
이기는 법

겉모습에 속지 말기 171

예를 다하면 다툼도 없습니다 175

썩은 사과 179

아첨꾼을 피하는 지혜 183

어린아이의 마음으로 189

상상력 훈련 193

생각하는 법 199

욕망이 클수록 허점도 많습니다 207

수치심 211

한쪽 문이 닫히면 다른 쪽 문이 열린다   217

도전하는 삶   223

40대 이후의 얼굴   229

행복을 주는 사람   233

4
리더가
되는 법

독사는 독을, 꽃은 꿀을 만든다   241

사고의 틀을 깨기   245

리더의 자기 수양   251

나를 버릴 수 있는 용기   255

행동한다, 고로 존재한다   261

말로 서고, 말로 망한다   267

훌륭한 희망이 보잘것없는 소유보다 낫다   273

당신이 그들의 꿈입니다   277

지도자의 조건   283

미래의 지도자를 위하여   287

부록 『돈키호테』 명문 읽기   295

프롤로그

논어 「위정」편을 보면 공자는 나이에 따른 인간의 길을 들려주고 있습니다. 그런데 그 이야기가 지금에 들면서 이렇게 해석되더군요. 〈열다섯에는 뜻을 세워라[而志], 서른에는 신념을 세워라[而立], 마흔에는 어떤 일에도 흔들리지 말라[不惑], 쉰에는 하늘이 정해 준 운명과 사명을 알라[知天命], 예순에는 남의 말에 거슬림 없이 귀를 순하게 하라[耳順], 일흔에는 마음이 시키는 대로 해도 도리에 어긋남이 없도록 하라[從心所欲不踰矩].〉

나이는 먹어 가는데 변하는 게 없다고들 합니다. 똑같은 실수를, 똑같은 고민을 마흔이 넘도록 하고 있다고들 합니다. 그러니 공자님 말씀은 내 모습을 비추는 거울이 되어 좌절만 키우는 무서운 공염불이 되고 있답니다. 지금껏 뜻하나 제대로 세워 보지 못하고 내 인생의 목표가 무엇인지도 모르고, 세워도 실행할 용기가 없어 주저거리다 시간은 흘러가고, 어느덧 나이는 먹어 인생의 반이 사라져 버린 것 같은데 아직도 앞으로 어떻게 살아야 잘 사는 것인지 모르겠다는 사람 많습니다. 현실이 녹록치 않습니다. 한 치 앞을 알 수 없을 정도로 변하고 있는 현실이, 우리 앞에 던져지는 숱한 도전이 우리를 불안으로 내몰고 있습니다. 그렇지 않아도 나약한 인간 존재를 무너뜨리고 있는 것 같습니다. 마음의 훈련이 필요합니다. 우리를 들어 세울 버팀목이 필요합니다. 작지만 따뜻한 변화를 위한 응원이 필요합니다.

나를 아는 지혜

〈21세기는 현생 인류가 살아가는 마지막 세기가 될 것이다. 초, 중, 고에서 가르치는 교육의 90퍼센트는 아무런 쓸모도 없게 될 것이다.〉『사피엔스』의 저자 유발 하라리 히브리대 교수의 단언입니다. 이 교수는 스마트폰을 끊고 하루에 두 시간씩 명상을 한답니다. 일 년에 한두 달은 묵상이나 기도를 통하여 제대로 잘 살고 있는지, 자신을 살피는 명상 피정을 한다고 합니다. 지금은 홍수처럼 쏟아지는 정보가 문제라며 삶의 의미에 천착해야 한다고 말이지요. 세상의 소음을, 욕망을 벗어 던지고 삶의 실상과 자신의 영혼을 살펴봐야 해서 말이지요.

『뉴욕 타임스』칼럼니스트 데이비드 브룩스는 『인간의 품격』에서 〈삶은 결함 있는 자아와 끊임없이 싸우며 성장하는 과정〉이라고 진단하고 있습니다. 『성공하는 사람들의 7가지 습관』의 스티븐 코비 박사는 〈자신의 삶을 주도하라, 끊임없이 쇄신하라〉고 충고합니다. 『살아남은 자의 슬픔』을 쓴 독일 시인이자 극작가 베르톨트 브레히트는 〈당신 스스로 하지 않으면, 누구도 당신의 운명을 바꿔 주지 않는다〉고 합니다. 시대를 대표하는 지식인들이 〈삶의 주인은 세상이 아니라 너 자신이어야 한다〉고 입을 모으고 있는 것 같습니다. 과학과 대중 매체와 사회가 주입하는 사고방식을 아무런 비판 의식 없이 수용하고 있는 우리가 쓸모없는 인간이 되지는 않을까 우려해서 말입니다. 인간으로서 사고하는 법과 주체 의식을 상실할까 봐 말이지요.

우리는 우리가 소유하고 있는 물건에 대해서는 당당히 우리의 주권을 내세웁니다. 내 물건 손대지 마! 내 거 내 마음대로 하는데 네가 무슨 상관이야! 이런 식입니다. 그런데 내가 소유하고 있는 이 〈나〉에 대해서는 그렇게 하지를 못합니다. 〈내 뜻은 그게 아니었는데……〉, 혹은 〈내가 왜 이랬지?〉하며 자기의 마음을, 자기가 한 행동을 이해하지 못하거나 왜 했는지, 어떻게 해서 그렇게 되었는지 모르겠다는 황당한 경험을 토로하곤 합니다. 왜, 이런 일이 일어날까요? 유행가 가사처럼 내 안에 내가 너무나 많아서 그런 걸까요, 아니면 나란 존재가 수많은 관계 속에서 정체성을 가지기에 내 의지가 박약하여 환경에 휘둘리기 때문일까요? 아니면 내 판단을 확실하게 믿지 못한 채 행동하기 때문일까요? 이 모든 반문은 하나의 답으로 정리됩니다. 내면에 자신감이 없어서입니다. 바로 지혜로 이어지는 문제입니다.

세상의 이치를 제대로 깨닫지 못하고 자신을 객관적으로 관찰하지 못하면 다른 사람들에게 휘둘립니다. 사람만이 아닙니다. 나 이외의 모든 것에 매입니다. 속세의 욕망에 사로잡힙니다. 진정한 내면의 자유를 누릴 수가 없습니다. 내 발로 서서 내 머리로 생각하고 내 신념으로 추진하며 내 다리로 움직이는 진정한 의미의 자기 삶을 꿋꿋하고 당당하게 살아 내지 못합니다. 내가 나를 못 믿고 나를 의지할 수도 없고 내 안에 있는 것들이 무엇인지조차 모르면서 어떻게 내가 원하는 일을 할 수 있을까요? 자기 자신도 통제하지 못하는 사람이 어떻게 정치, 경제, 사회, 문화 등의 분야에서 아랫사람을 지휘하고, 조직의 주인 행세를 할 수 있을까요? 가장 훌륭한 정직은 자신에게 진실한 것입니다. 이런 사람은 자신의 한계를 잘 알기에, 인간이란 불완전하고 연약하며 무지하고 허망한 존재라는 걸 알기에 더 많은 지혜를 구하고자 할 것입니다.

생각하는 습관

우리는 태어남과 동시에 생각이라는 것을 하게 되어 있습니다. 생각하는 습관이 우리를 여타 동물과 다른 존재로 만듭니다. 다시 말해 사람으로 산다는 것은 생각하며 산다는 것입니다. 루소는 『에밀』로 가르칩니다. 〈인간이 처음부터 쉽게 생각하는 것은 아니다. 하지만 생각을 시작하면 생각하는 것을 멈추지 않는다. 한 번이라도 생각해 본 경험이 있는 인간은 언제, 어디서나 쉬지 않고 생각하게 될 것이다.〉 습관의 차이가 참으로 큰 차이를 만듭니다. 그러니 생각하는 습관이 자라도록 돕고 더 크게 키우는 자세가 요구됩니다. 생각은 또 다른 생각으로 거듭될 것이고, 생각이 바뀌면 행동이 변하므로, 진정 나답게 살아가는 기쁨을 느낄 수 있을 테니까요.

세상의 진리는 하나입니다. 천지가 개벽한다 해도 인간이 가야 할 길은 정해져 있다고 봅니다. 동서양 수많은 책에서 이러한 진리를 거듭 이야기하고 있습니다. 서로 표현과 모양새만 달리할 뿐 결국은 같은 말을 하고 있습니다. 그런데도 계속 비슷한 책들이 끊임없이 쏟아지고 있습니다. 사람들이 참된 길을 알지 못해서 그런 건 아닐 겁니다. 오히려 생각 없이 사는 데 익숙해져서 그럴 겁니다. 단 한 권의 책이라도 제대로 읽고 삶에서 중요한 것이 무엇인지 늘 생각하면서 산다면, 욕망의 늪에 빠져 허우적대는 일 없이 자기만의 진정한 삶을 가질 수 있을 거라고 나는 생각합니다.

사람답게 살기

세상이 시끄럽습니다. 잠시 동안 위임받은 권력으로 자기 잇속 챙기는 데 급급하여 우리의 믿음을 헌신짝 버리듯 내팽개치는 배운 자들이 많습니다. 권력과 돈과 이념에 눈이 멀어 자신의 조국을 진흙탕으로 밀어 넣는 일도 일어납니다. 사회가 온갖 악취를 풍기고 있습니다. 신앙의 본질을 왜곡한 종교적 집착이 세상을 혼란에 빠뜨리고 있습니다. 사랑한다고 죽이고, 이별한다고 죽이고, 시끄럽다고 죽이고, 무시한다고 죽이고, 돈 안 준다고 부모까지 죽이는 세상을 보면서 이런 생각을 해봅니다.

〈소도 태어나고 말도 태어나고 인간도 태어난다. 똑같이 엄마 젖을 먹고 자란다. 그렇게 소가 되고 말이 된다. 하지만 인간으로 태어난다고 해서, 엄마 젖을 먹고 자란다고 해서 다 인간이 되는 건 아닌가 보다. 제대로 된 사람이라면 해서는 안 될 일과 해야만 할 일을 분간할 수 있을진데, 그렇지 못하고 있는 것을 보니 인간이 되어야 할 의무를 잊고 살아가고 있구나.〉 죽는 것은 의무가 아닙니다. 모두가 죽게 되어 있으니 말이지요. 하지만 인간으로 살아야 하는 건 인간에게만 주어진 특권입니다. 왜 우리는 〈소박하고 따뜻하고 고상한 삶〉을 〈꿋꿋하고 당당하게〉 살아 내지 못하는 것일까요?

20세기 스페인 사상가 오르테가 이 가세트는 『예술의 비인간화』에서 말합니다.

우리가 살고 있는 삶의 저변을 바라보면 깊은 분노를 자아내는 정의롭지 못한 이론, 즉 인간은 모두 진정 평등하다는 잘못된 가정이 숨 쉬고 있다. 우리가 인간 사이를 헤치고 앞으로 걸음을 내디딜 때마다 그러한 사실과는 너무나 반대의 상황을 접하게 되어 그 발걸음 하나하나가 고통스러운 충돌이 되고 있다.

수백 년 동안 나라를 지탱하고, 인간이 신봉해 온 경제 제도와 정치 제도가 제대로 작동하려면 사람이 바로 서야 한다고 봅니다. 모든 것의 출발점이자 도착점이 〈나〉이니까 말이죠. 아무리 훌륭한 제도라도 이 〈나〉가 바로 서지 못하면 불의를 낳는 도구가 되어 버립니다. 동양에서 발원한 종교들은 인간을 단계별로 구분합니다. 책이나 가르침을 통해 지혜를 얻는 단계가 시작이라 합니다. 이렇게 지혜를 구하며 삶의 수레바퀴를 돌다가 마침내 참 진리를 깨치게 된답니다. 이를 위해 늘 깨어 몸과 마음을 갈고닦아야 하는데 이것을 수양이라고 하더군요. 닦음으로 성품을 높은 경지로 올리는 그 일은 인간으로서, 공동체의 구성원으로서 외부의 강요가 아닌 내적 욕구로 마땅히 행해야 할 의무라고 합니다.

행동으로 존재하기

지금 사회에는 이미 선인들이 남겨 놓은 인생 교훈서들이 참으로 많습니다. 성자와 성인들, 현자와 철학자들이 토해 놓은 크고 무거운 진리들이 서점 가판대를 메우고, 전파를 타고 강연장의 단골 메뉴로 등장하고 있습니다. 그런데도 세상은 더 아수라장이 되어 가고, 인간의 소외와 고독은 더욱 깊어 갑니다. 다들 분노 조절 장치가 망가져 있는 것 같습니다. 조상이 경험하고 살아 보며 익힌 삶의 지혜와 인간의 도리가 세속적 욕심에 밀려 치이고 있습니다. 가장 〈잊지 말아야 하는〉 것에 가장 〈무심한〉 게 사람이라서 그럴까요? 배움이 단지 생존을 위한 기술이나 처세술로 이용되어서는 아닐까요?

물론 처세술을 익히는 것도 필요합니다. 세상 물정에 어두워서 세상 풍파에 맞설 능력을 키우지 못하는 건 안 될 일이니까 말입니다. 하지만, 그것은 방편일 뿐 궁극적인 목표여서는 안 되겠지요. 처세술도 결국은 인덕 함양에 있는 것이니까요. 지식을 보여 주기 위한 장식품으로 여겨서도 안 될 것입니다. 배운 바를 삶의 신조로 하여 실제로 행하기보다, 〈배웠다〉라는 사실만을 강조하면 세상은 점점 더 요지경이 될 것입니다. 배운 것을 성찰하여 어떻게 사는 것이 잘 사는 것이며, 어떻게 죽어야 좋은 죽음인지를 마음으로 익힐 수 있으면 참 좋겠습니다. 이것을 우리는 공부라고 합니다. 많이 알려는 공부가 아니라 제대로 알기 위해 하는 공부입니다. 마음으로 익히고 진리를 깨달으면 돈키호테의 말대로 〈행동으로 존재하게〉 될 것 같습니다.

가치 있는 삶이란 무엇인가

당신은 이렇게 질문할 수 있을 것입니다. 세속적 이기심을 초월한 사람이 세상에 얼마나 있으며 그런 사람이 어떻게 이 험난한 세상을 살아 낼 수 있을까, 라고요.

행복하다는 사람들의 이야기에 귀를 기울여 보면 공통점이 있더군요. 살아 있다는 사실에 감사하고, 내게 주어진 모든 것들을 아름다운 선물로 여기며 산다고 합니다. 인간의 소중한 가치들을 행동으로 옮기며, 내가 쓰임을 받을 수 있어서 행복하다고 합니다. 플라톤은 『소크라테스의 변명』에서 이렇게도 말합니다. 〈자기 마음을 반성하고 살피지 않는 삶은 가치가 없다.〉

내가 세상에 태어난 이유가 뭘까요? 가치 없고 의미 없는 것은 주시지 않는 신이 〈나〉를 이 세상에 존재하게 한 까닭이 있을 것 같습니다. 내 이익만을 챙기라고, 남의 꿈을 박탈하라고 나를 땅에 내리시지는 않았을 듯합니다. 존재하는 의미에 대해 성찰하는 삶을 통해 완성된 삶으로 한 발자국 더 가까이 다가가며 사는 게 인간의 조건이 아닐까요?

소나 돼지는 자기가 누구인지를 성찰하지 않습니다. 자신이 존재하는 의미가 무엇인지를 찾으려 하지 않으며 자신의 존재를 확인하지도 않습니다. 만일 그렇게 했다가는 다들 자살하고 말 것입니다. 인간만이 성찰할 수 있는 귀한 선물을 갖고 있습니다. 금력과 권력을 두고 벌이는 경쟁 논리에서 벗어나 자유롭고 아름다우며 고귀한 삶을 살 수 있게 해주는 큰 선물이지요. 삶의 궁극적 의미와 진정한 행복을 깨치게 하는 축복인 것이지요.

　『돈키호테』이후에 쓴 산문은『돈키호테』를 다시 쓰는 것이나 그 일부를 쓰는 것이다, 라는 평가는 적중해 보입니다.『돈키호테』는 후대 이름 있는 책들에서 발견되는 거의 전부를 이야기하고 있으니 말이지요. 인간이라면 마땅히 따라야 할 삶의 도리로 담겨 있더군요. 그래서 확실한 인식이나 명확한 근거 없이는 단 한 줄의 글도 쓰지 않아, 지성인이라면 모두 본받아야 할 인물로 칭송되는 〈근대 비평의 아버지〉인 생트 뵈브는『돈키호테』를 〈인류의 바이블〉이라 하나 봅니다. 네덜란드의 인본주의자로『광우예찬』의 저자 에라스무스는 〈문학에서 명성을 이룬 사람을 나는 신과 같은 존재로 찬미하고 존경한다〉고 합니다. 세르반테스를 두고 한 말 같습니다.

　『돈키호테』는 삶의 가치들을 들려줍니다. 외연적으로만이 아니라 내연적 의미도 곱씹어 음미해야 할 삶의 진리들입니다. 높고 빼어나 누구는 이룰 수 없는 것이라 그저

〈꿈〉이라고도 합니다.

인간은 완벽하지 않습니다. 누구나 부족하여 살면서 많은 실수를 하게 됩니다. 같은 실수를 반복하지 않고 제대로 서기 위한 삶의 지도가 필요합니다. 진정한 실패란 넘어지는 게 아니라 넘어진 자리에 그대로 머무는 것이라고 하니 말입니다.

사람이 가야 할 길이 무엇인지 알고 걷는 자와 그렇지 않고 걷는 자의 삶은 분명 차이가 있을 것입니다. 가야 할 길을 아는 자는 큰 실수 없이 좋은 방향으로 자신을 변화시키면서 삶의 의미를 이해하게 되겠지요. 『돈키호테』의 메시지로 각자 내면의 선한 본성을 깨우시기 바랍니다. 나와 타인과 세상을 이해하고 제대로 다스리고 운영하여 진정으로 행복한 삶을 사는 방법을 확인할 수 있기를 바랍니다.

돈키호테와 산초

쉰 살 정도의 알론소 키하나인지 케사다인지 하는 자가 스페인 라만차 지방에 살고 있었습니다. 식구라고는 가정부와 조카가 전부인지라 그녀들과 토닥거리지 않으면 사냥이나 하면서 시간을 보내고 있었지요. 그러다 중세 기사 소설에 빠져 기존의 삶을 버리고 소설에 나오는 중세적 가치를 회복하고자 합니다. 이 일을 위해 자기의 이름부터 돈키호테로 바꾸고, 둘시네아를 마음의 귀부인으로 모시고 비루하기 짝이 없는 말에 몸을 싣고, 당나귀를 탄 작고 땅딸막한 종자 산초와 함께 모험을 찾아 라만차 들판에 섭니다. 기사 소설에 미쳐 그렇게 집을 떠나지만 그의 눈에 들어오는 건 줄줄이 쇠사슬에 묶인 죄수들과 도적들과 악동들과 추한 마리토르네스와 그를 우롱하려는 자들밖에 없습니다. 이런 현실에도 불구하고 그는 풍차만이 있는 곳에서 거인을 보고자 하고, 양 떼만 있는 곳에서 군대를 보고자 합니다. 이상주의자이자 박식하며 선한 주인 돈키호테와 물질에만 연연하는 단순무식한 종자 산초 간에 주고받는 대화가 작품의 골격을 이룹니다.

주인은 종자에게 훌륭한 삶에 대한 이야기를 들려줍니다. 덕스러운 인간의 길을 보여 줍니다. 섬길 줄 아는 자의 자세를 가르칩니다. 드디어 산초가 주인이 약속한 섬의 통치자로 가게 되자 통치자로서 슬기롭게 다스리는 법도 조언합니다. 이렇게 산초는 분별 있고 관대한 주인의 가르침을 받고, 주인의 행동을 본 후 현명한 통치자로서의 역량을 유감없이 발휘합니다. 돈키호테에게는 부족한 현실적인 지혜가 산초의 상식에 기반을 둔 판결과 명언들로 쏟아집니다. 반면 돈키호테의 고향 친구이자 이웃인 이발사와 신부와 삼손은 돈키호테의 꿈을 이해하지 못하고 그저 집으로 돌려보내려 합니다. 결국 집으로 돌아온 돈키호테는 현실에 눈을 뜨지요. 하지만 그 현실이 싫어 죽음으로 내달립니다. 반면 산초가 돈키호테가 되어 돈키호테의 꿈을 이어가려 합니다. 이것이 1605년에 발간된 『기발한 이달고 돈키호테 데 라만차』와 1615년에 발간된 속편 『기발한 기사 돈키호테 데 라만차』의 줄거리입니다.

미겔 데 세르반테스 사아베드라

작가 미겔 데 세르반테스(1547~1616)는 스페인 수도 마드리드에서 동쪽으로 자동차로 30~40분 거리에 있는 알칼라 데 에나레스에서 태어났습니다. 정규 과정의 교육을 받아 볼 수 없을 정도로 가난 속에 살았으나, 독서와 이탈리아에서 배운 인본주의 사상으로 꿈을 키워 레판토 해전에 참전합니다. 영웅적으로 싸우다 가슴과 왼쪽 손에 입은 부상으로 왼쪽 팔이 불구가 되지요. 군 복무를 마치고 귀국하던 중 해적선에 납치되어 알제로 끌려갑니다. 5년간 포로 생활 중 네 번이나 탈출을 감행하지만 모두 실패로 끝나고 맙니다.

드디어 몸값을 지불하고 고국으로 돌아오지만 그를 기

다리는 건 떠날 때보다 더 경제적으로 악화된 가족이었습니다. 무적함대에 납품할 물자 징발 일과 연체된 세금을 징수하는 일로 생계를 이어 가지만, 부당하게 옥살이를 반복합니다. 파문도 당합니다. 『돈키호테』 전편을 발표하여 엄청난 인기를 누리지만 판권을 출판사에 넘긴 그에게 돌아오는 이익은 없었습니다. 『돈키호테』 속편을 발표한 후 일 년 뒤 세상과 작별합니다. 생각과 노동이 죽음의 덫인 나라에서 고생으로 이골 난 그였지만 죽는 순간까지 〈희망의 노래〉를 멈추지 않았던 작가의 꿈이 나의 꿈이 되어 실현되기를 갈망해 봅니다.

1
인생의 주인공으로
우뚝 서기

저를 감옥에 데려가 족쇄와 쇠사슬을
채워 엄벌을 내려도 저를 감옥에서 자
게 할 수는 없다는 겁니다. 아무리 그래
도 제가 잠을 자고 싶지 않다면 (……)
제가 원하지 않는데 아무리 나리에게
힘이 있으신들 저를 자게 할 수 있다고
보십니까?(속편 49장)

자신을 알라

자네가 어떤 인간인지를 알도록 하게.
(속편 42장)

너나없이 쉽게 내뱉지만 실제로는 가장 어렵고 두려운 명령이 〈너 자신을 알라〉일 것입니다. 소크라테스가 신탁마냥 받아 그의 명언처럼 되어 버린 이 구절은 고대 그리스 델포이 아폴론 신전 기둥에 적혀 있었던 거라고 합니다. 난 이 명령을 유아독존이나 허영에 빠지는 내 안의 또 다른 나를 늘 경계하라는 소리로 들었습니다. 나의 결점이나 연약함에 눈을 감거나 인정하지 못하는 나를 비판하고 나이기에 할 수 있는 일을 하라는 부름으로도 이해했습니다.

소크라테스는 이 말의 의미를 이런 식으로 헤아렸습니다. 〈내가 알고 있는 것은 내가 아무것도 모른다는 한 가지 사실뿐이다.〉 그에게 기대할 수 없을 정도로 참으로 겸허한 표현이지만 그의 〈앎〉에 대한 생각을 보면 가장 적확한 말이기도 합니다. 우리가 알고 있는 지식은 우리가 모르고 있는 지식에 비하면 정말 하찮기 때문이지요.

소크라테스는 오직 알고자 하는 욕망 하나로 전 생애를 살았고 죽어서라도 알고자 했습니다. 아리스토텔레스도 『형이상학』을 통하여 〈인간의 본성은 알고자 하는 데 있다〉고 합니다. 여기서 이런 질문을 던져 봅니다. 이 위대한 철학자들이 그토록 갈망한 〈앎〉이란 대체 무엇일까? 〈네 자신을 알라〉고 해서 내 자신을 살펴보니 내가 아는 게 하나도 없더라. 그래서 알아야겠는데, 도대체 뭘 알아야 하는 걸까?

아리스토텔레스가 그 질문에 답을 줍니다. 사물이 존재하는 근본적인 원인과 변하지 않는 본질과 그 원리를 알라는 겁니다. 소크라테스의 제자인 플라톤에 따르면 영원한 존재의 세계인 이데아를 보는 일입니다. 다시 질문을 살짝 바꿔 봅니다. 그럼 인간의 이데아는 무엇일까? 인간 존재의 근거가 되는 항구적이며 실재적인 요소, 인간이 인간임을 주장할 수 있는, 생물학적인 세계를 초월한 절대적인 가치 판단의 기준이 되는 것은 무엇일까?

칸트는 비판 철학 안에 〈인간이란 무엇인가〉라는 문제를 〈내가 무엇을 알 수 있고〉, 〈무엇을 해야 하며〉, 〈무엇을 희망해도 좋은지〉에 대한 답으로 찾고자 합니다. 플라톤의

〈네 일을 하고 너를 알라〉는 말, 즉 〈너의 것이 무엇인지를 알라〉는 말과 상통합니다.

결국 철학자들이 복잡하게 풀어낸 말과 내가 갖고 있는 상식이 같은 결론에 이르는군요. 돈키호테는 인간으로서 자기 것이 무엇인지를 알았습니다. 왜 존재하며 무엇을 위해 존재하는지를 안다는 게지요. 그래서 〈나는 내가 누구인지를 안다〉(전편 5장)고 합니다. 그러면서 종자 산초에게는 〈네가 어떤 인간인지〉를 보라고 합니다. 개별자로서 자기의 존재를 자각적으로 물으며 살라는 말입니다. 돈키호테가 바라타리아 섬의 통치자가 되어 떠나는 산초에게 조언합니다.

자네 자신에게 눈길을 보내 스스로가 어떤 인간인지를 알도록 노력하게. 이것은 세상에 있을 수 있는 가장 어려운 지식일세. 자네를 알게 되면 황소와 같아지고 싶었던 개구리처럼 몸을 부풀리려는 일은 없을 거야.(속편 42장)

〈나는 어떤 인간인가〉는 나의 속내, 자질, 특기, 형편, 성격 등에 대해 아는 일입니다. 다양한 환경에 노출시켜 이런저런 경험을 해보고, 실패도 보약으로 여기며 자신을 찬찬하게 살피다 보면 자신이 어떤 사람인지 알 수 있습니다.

자기가 어떤 사람인지 알게 된다면 자기 일에 맞는 생활 방식을 찾을 수 있을 테고, 방식을 찾았다면 그것을 꾸준히 실천해야겠지요. 그렇게 하다 보면 자기가 갖고 있던 재능을 발휘할 수 있는 상황에 도달하게 될 것입니다. 만일 내가 어떤 사람인지 모른 채 남이, 또는 세상이 만들어놓은 방식에 맞춰 살게 되면 자기 일을 제대로 수행할 수 없을 뿐만 아니라, 영원히 자주적인 인격체로 독립적인 삶을 살 수가 없게 될 것입니다.

　칸트만큼 자기가 어떤 사람인 줄 안 인물은 역사 속에 많지 않을 듯합니다. 그는 자기가 소심하고 정적인 인물임을 알았습니다. 그래서 자기를 자극하는 것이면 모두 멀리하며 자신만의 생활 방식을 철저하게 지켜 나갔습니다. 결혼 생활에서 오는 불편함과 고민들로 정신 활동을 방해받고 싶지 않아 결혼도 하지 않았습니다. 자신 안의 평화와 질서를 유지하고자 술도 마시지 않고 과식도 하지 않았다고 합니다. 그가 산책 나가는 걸 보고 사람들이 시계를 맞췄다는 일화는 유명합니다.

　약한 인간들을 향해 신랄한 독설을 퍼부은 니체는 칭찬에 허물어지는 자신의 연약함을 뼈저리게 알고 있었기에 〈덕〉은 위선이라 몰아세우며 강함의 대명사인 〈초인〉을 부르짖었습니다.

물리학자이자 천문학자이며 수학자인 아이작 뉴턴은 1687년에서 1690년까지 영국 국회의원이었습니다. 케임브리지 대학을 대표해 맡은 자리에서 자기 지식과 무관한 사안에는 입을 열지 않았습니다. 국회에 3년 동안 있으며 단 한 차례 발언권을 요구했는데, 그가 한 말은 오직 이뿐이었습니다. 〈이곳이 너무 추우니 이 창문을 닫을 것을 제안합니다.〉

　돈키호테는 자신이 어떤 인물인지를 아는 게 세상에서 가장 어려운 지식이라고 합니다. 뇌 과학자들의 말에서 근거를 찾을 수 있을 것 같습니다. 인간은 자연 법칙상 이기적 유전자를 갖고 태어나고, 인간의 뇌는 자기 이익에 맞춰 조종되고 객관적 진실보다 주관적 판단으로 작동하고 있다고 합니다. 그래서 우리는 교육을 받고 공부를 하지요. 동물적 본능이나 원초적 욕구대로 살지 않으려고 말입니다. 옳고 그름에 대해 판단할 수 있는 정신, 타인의 감정을 헤아릴 줄 아는 감성을 통해 이기적인 유전자를 통제하기 위해서 말이지요. 그러니 어떤 종류의 것이든 잠시 욕망을 접고 자신을 객관화하여 바라보려는 마음의 자세가 우선되어야 할 것 같습니다.

인정 욕구

나는 내가 누구인지 알고 있다.(전편 5장)

폼 잡는 사람들이 밥숟가락 올리듯 쉽게 입에 담는 말이 〈내가 누구인지 알아?〉입니다. 입에까지 올리지 않더라도 내심 이 말을 품고 사는 사람들은 행동이나 표정이 대신 말해 줍니다. 거들먹거립니다. 교만합니다. 사람이라면 누구나 남의 인정에 목말라하고 그래서 인정받으려 투쟁함으로써 역사는 발전하는 거라고 헤겔은 〈인정 욕구〉라는 용어로 설명하고 있습니다.

인정 욕구는 인간이 갖는 보편적 심리로, 자존감이 약한 사람일수록 강렬한 욕구를 느낀다고 합니다. 그래서 작은 비판에도 쉽게 분노하고 입에 발린 칭찬인 줄 알면서도 좋아한다는데, 나중에 혼자 남게 되었을 때 느끼는 외로움은 엄청 크다고 합니다. 의학적 설명에 따르면 인정받아서 좋은 느낌은 대뇌의 도파민 분비 증가로 느끼는 쾌감이라 하는군요. 갈수록 더 센 것을 요구한답니다. 결국은 주목을 받기 위해 연기까지 하는 〈연극성 성격 장애〉라는 병으로 나아간답니다. 타인의 시선 속에서 행복을 찾으면 자기 파멸을 가져온다는 결론입니다.

남의 평가에 의존하는 삶은 내 삶의 주인이 내가 아닌 노예의 삶을 사는 거라는 생각이 있습니다. 물론 남이 해주는 인정은 내 결핍을 다독이고 위로해 줄 수 있을지 모릅니다. 내가 아닌 타인의 시선 속에서 위로를 찾는 게지요. 하지만 위로는 잠깐이며 인간은 이기적인 존재라는 걸 잊지 말기 바랍니다. 칭찬으로 우쭐해지는 건 광대가 되는 길입니다. 오히려 남이 알아봐 준다고 좋아하는 자신을 경계할 줄 알아야 합니다. 많은 사람으로부터 받는 박수보다 현명한 자의 한마디 쓴 조언을 더 소중하게 가슴에 새겨야 합니다. 일의 본질을 제대로 살펴보고 냉정하게 해주는 비판이야말로 감사하게 받아야 할 칭찬이라 생각합니다. 〈내가 누군지 알아?〉의 의문부호가 〈내가 누군지 알아.〉의 마침표로 바뀔 큰 선물이 될 테니 말이지요.

내가 누구인지를 아는 사람은 겸손합니다. 몸가짐이나 언행을 조심합니다. 작은 비판에 화를 내지 않습니다. 입에 발린 칭찬에 감격하거나 우쭐해하지 않습니다. 『법구경』으로 부처님도 말씀합니다. 〈지혜로운 자는 비방에, 칭찬에 흔들림이 없다〉고 말이지요. 그래서 빛이 난답니다. 세르반테스는 말합니다. 〈불편함이 있고 궁핍하더라도 덕은 그 틈바구니로 스스로 빛을 내는 법이니 고귀한 정신을 가진 사람들로부터 존경받고 따라서 보호를 받게 되지요.〉 (속편 서문) 빛은 자신을 보이려고 하지 않습니다. 가리려 해도 새어 나옵니다.

인간은 단지 생물학적인 의미에서의 인간이 아니지요. 사과는 사과이고 배는 배이지만, 인간은 사과나 배와는 다르지요. 태어날 때부터 완벽하게 결정되어 이 세상에서 자신의 존재로 살지 못하는 생명체입니다. 태어났으니 인간이 되려고 노력해야 한다는 게지요. 생물학적인 탄생이 아니라 우리의 노력으로 타인들과 관계하면서 만들어 나가는 존재, 이것이 인간이며 우리에게 주어진 의무라고 생각합니다.

그러니 자기를 살피는 성찰이 필요합니다. 환경이 내게 던지는 의무를 겸손하게 인식하고 책임지며 자기 삶의 의미와 목적을 알고자 하는 것입니다. 그러니 자신에게 눈을 돌리는 자는 진정한 분별력과 탁월한 현명함을 갖춘 자입니다. 자기가 누구인지를 아는 사람치고 자신을 부풀리는 자기 과잉의 화신은 있을 수 없습니다.

〈자기가 누구인지를 안다〉는 돈키호테는 말합니다. 〈그리고 아까 말한 사람들은 물론 프랑스의 열두 기사와 라파마의 아홉 용사 전부도 될 수 있다는 것을 알고 있소.〉(전편 5장)

자기가 누구인지 아는 자는 의지와 노력만 있으면 자기가 되고자 하는 누구도 될 수 있다는 근사한 말입니다. 〈내가 누군지 알아〉를 사회나 집안 형편을 원망하고 좌절하며 푸념하는 차원으로 이해해서는 안 된다는 게지요. 자신을 직시하는 자는 남에게 책임을 전가하지 않고, 남보다 더 많은 노력을 할 뿐이랍니다. 돈키호테는 〈흥망성쇠가 없는 인간사는 없다〉(속편 3장)고 합니다. 〈남보다 더 노력하지 않으면 남을 앞설 수 없다는 것을 알라〉(전편 18장)고 합니다. 아무리 많은 실패를 겪더라도 일어서고 또 일어서야 한다고 몸소 행동으로 보여 줍니다. 산초 역시 돼지치기로 살았으며 자기 이름 석 자도 쓸 줄 모르지만 자신의 한계를 스스로 긋지 않습니다.

인간인 이상 난 교황이 될 수도 있습니다요.(전편 47장)

행동이 나를 설명합니다

사람은 저마다 자기 행위의 자식이노라.

(전편 4장)

망치는 왜 망치일까요? 망치질을 하니 망치이지요. 답이 너무 싱겁고 빨랐나요? 독일의 실존주의 철학자 하이데거가 『존재와 시간』에서 그렇게 말하고 있습니다. 같은 질문을 해봅니다. 〈나는 왜 말이나 소가 아니고 사람일까?〉 생각 좀 해봐야겠습니다.

음…… 하이데거에게 도움을 청하여 그를 흉내 내어 답하자면 〈사람 짓〉을 하니 사람인 게지요. 〈그래? 그럼 정말 난 사람다운 행동을 하며 살고 있는 건가?〉 어른들께서 말씀하시던 〈사람 구실〉 제대로 하면서 살고 있냐는 게지요. 인간으로서 마땅히 해야 할 일을 하고 있냐고 말입니다. 나의 양심과 영혼을 깨우는 질문이자, 제대로 살아 보라는 독려의 말로 들립니다.

양을 잃어버린 어린 하인을 매질하고 있던 부자 알두도에게 돈키호테가 약속한 바를 지킬 것을 요구하며 건네는 말입니다. 〈사람은 저마다 자기 행위의 자식이노라.〉 그리고 기회 있을 때마다 산초에게 조언합니다. 〈혈통과 가문이 사람을 만드는 게 아니다.〉 그러면서 그 이유를 설명합니다.

가문의 주인들이 덕과 부와 관대함으로 집안을 빛낼 때만 그 가문이 위대하고 저명해 보인다. 부를 소유한 자는 그것을 가지고 있다는 것만으로 행복하게 되는 게 아니라, 그 부를 잘 쓸 때 행복해지는 거다. 칭찬이란 언제나 덕스러운 행동에 주어지던 상이다.(속편 6장)

〈빛내고〉, 〈잘 쓴다〉라는 게 어떤 걸까요? 법조계, 언론계, 정치계, 재계, 학계, 관계, 의료계 〈명문가〉라는 낱말이 신문에 오르는 걸 볼 때가 있습니다. 순간 우리나라에 그런 가문으로 누가 있지? 하는 생각에 다시 글을 읽어 봅니다. 명문가란 신분이나 직위만 높은 게 아니라 덕망을 갖춘 집안이어야 한다고 해서 말이지요. 〈행동〉으로 〈덕〉을 실천한 집안이어야 한다고 해서 말이지요. 명문가를 말할 때면 언제나 언급되는 〈사방 백 리 안에 굶어 죽는 자가 없게 하라〉며 300년을 이어 덕을 베푼 경주 최부자 가문이 있습니다. 높은 벼슬도 과한 부도 경계하며 부의 사회 환원의 덕을 실천하며 그것을 가훈으로 삼았다지요. 8대 옥당(玉堂)을 지내며 나라 사랑, 국민 사랑에 애끓인 다산 정약용 가문도 있습니다. 〈빛내고, 잘 쓰는 행위〉로 덕망을 이룬 집안입니다.

내 책상 중앙 서랍에는 지금까지 만났던 분들의 명함이 들어 있습니다. 사람을 내치는 것 같아 쉽게 버리지 못하고 정리 정돈을 잘 못하는 성격상 빛이 바랜 것까지 합쳐 국회의원에 출마해도 될 정도로 수북합니다. 이미 명함에 찍힌 일터에서 떠나신 분들도 있을 테지요. 나는 그분들을 이름보다 명함에 찍힌 직업으로 기억하고 있습니다. 〈아, 그 기자분?〉, 〈아, 그 검사분?〉, 〈그 사람 정말 사람다웠어〉, 〈그 교수 정말 교수다웠어〉. 이 〈-답다〉라는 접미사는 행동으로 분명하게 대상을 이해하게 해주는 멋진 말입니다. 험담가의 입에 자물쇠를 채우기에 더할 수 없이 좋은 말인 것 같습니다. 돈키호테는 말합니다.

덕스럽고 뛰어난 인물을 가장 기쁘게 해줄 수 있는 일은 아직 살아 있는 중에 자기의 훌륭한 이름이 인쇄되고 출판되어 사람들 입에 오르내리게 됨을 보는 것이라오. 내가

〈훌륭한 이름〉이라고 한 것은, 만약 그 반대의 경우에는 어떤 죽음도 그보다 못하기 때문이오.(속편 3장)

살아서나 죽어서나 〈훌륭하지 않은 이름〉으로 인쇄되고 출판되어 세상에 알려진다고 상상해 보면 섬뜩해집니다. 그런 부끄러운 부모를 갖게 될 자식들이 사회에서 소외되고 정신적으로 얼마나 피폐한 삶을 살까, 생각해 보면 정신이 아득해집니다.

재산이나 지위는 영원하지 않습니다. 허망하기 짝이 없습니다. 그러니 이왕이면 가지고 누리고 있을 때, 권력이든 부든 기술이든 지식이든 뭔가 긍정적인 일에 사용해야 할 것 같습니다.

신이 우리를 인간으로 만든 이유는 우리로 인해 뭔가 세상에 좋은 변화를 이루어 내라는 뜻이라는 생각이 있습니다. 혼자 배불리고 권력 누리라고 재능과 능력 주시지 않았을 것 같습니다.

〈덕스럽다〉라는 건 인간이라면 마땅히 지켜야 할 도리를 행한다는 게지요. 〈길이 아니면 가지 않는 거〉 말입니다. 제 갈길 제대로 가고 있으면 누가 뭐라 한들 신경 쓸 거 없을 테지요. 돈키호테는 조카에게 일러 줍니다.

위대한 사람이 악인이라면 그 악이 커지고, 관대하지 않은 부자는 욕심 많은 거지이다.(속편 6장)

천둥되어 울립니다. 산초에게 이 말도 잊지 않습니다.

죄 많은 고관대작이 아니라 후덕한 시민이라는 것을 자랑스러워하게.(속편 42장)

운명은 주어지는 게 아니라
창조하는 것

각자가 자기 운명의 창조자라는 말도
있지.(속편 66장)

사람은 각자가 자기 삶의 창조자입니다. 자신을 신에게
맡기고 운명에 맡기는 노예의 삶, 순종의 삶이 아니라, 자
신의 열정을 자신의 삶에 담는 삶을 말합니다. 이 순간 〈신
이 인간을 만들듯 네가 너 자신을 창조하라〉며 초인을 부
르짖은 철학자가 떠오릅니다. 니체입니다. 더 이상 당당하
게 자기 자신의 주인으로 살 수 없다면 차라리 죽음을 택
하라고 한 실존주의자지요. 신을 창조한 인간이 어찌 자신
을 창조하지 못하냐고 반문하며 인간이 신에 매인다니 그
게 말이 되느냐며 〈신은 죽었다〉고 소리친 사람입니다. 소
크라테스와 달리, 우리는 우리가 알고 있는 것보다 더 많
은 능력과 지혜를 품고 있다고 자기 극복을 주장한 인물이
지요. 지상에서 더 용기 있고 창의적인 존재, 어떠한 어려

움이 있어도 가야 할 올바른 길을 찾아가는 존재는 인간말
고는 없다고 한 인물이지요.

세상의 불의를 타파하고자 광기에 가까운 에너지로 산
돈키호테는 먼저 낡은 자신의 모습을 미련 없이 던져 버립
니다. 그리고 기사로 다시 탄생합니다. 이집트 신화에 나
오는 불사조 피닉스처럼 자기의 과거를 불 속에 태워 버리
고 새로운 모습으로 다시 태어납니다. 자기 의지와 상관없
이 주어진 것을 운명이라 여기며 가만히 앉아 다가오는 일
들을 참고 사는 게 아니라, 망설임 없이 뜻과 용기로 자기
운명을 창조해 냅니다.

돈키호테가 조카에게 일러 줍니다.

내 의지가 원하는 것을 싫어하도록 설득해 보아야 헛수
고하는 것으로 결국 너희들은 지치고 말 것이야. 고생은 셀
수 없을 정도로 많지만 또한 그것으로 얻는 행복도 무한하
다는 것 역시 나는 알고 있단다.(속편 6장)

태어나면서 갖게 되는 것들, 보통 가문과 혈통이라고 합
니다. 그리고 내 의지와 상관없는, 기성 사회가 주입하는
가치와 나의 탄생과 동시에 존재하는 나를 둘러싼 것들, 보
통 환경이라고 합니다. 일반의 논리와 이성은 이러한 것들

에 맞춰 살아야 한다고 종용합니다. 나의 재능과 관심을 억누른 채 세상이 요구하는 틀에 들어가 살기를 강요합니다.

하지만 이런 삶은 내가 아닌 타인의 삶을 사는 것과 같습니다. 돈과 인정과 보상에 얽매인 삶을 따르는 죽음과 같은 일입니다. 물론 남들이 하는 대로 따라 살면 자립의 삶을 사는 것보다 편한 건 사실입니다. 남들 뒤를 쫓는 삶이니 고생해서 개척할 것도 불안할 것도 없습니다. 그러나 그렇게 편하게 살다 정작 내가 되고 싶은 게 뭔지도 모른 채 젊음을 모두 소진한 뒤 자신을 되돌아보았을 때의 모습을 한번 생각해 보면 어떨까요? 다시 되돌아가려 해도 돌아갈 시간이 없을 때의 자신을 말입니다.

오로지 자신만 믿고 자신만 의지하며 독립된 자아를 실현하는 인물은 자신의 운명을 창조해 갑니다. 돈키호테처럼 자기의 힘으로 무한한 에너지를 만들어 냅니다. 이러한 자는 실패도 하나의 또 다른 기회로 만들 수 있습니다. 무슨 일을 해도 자신이 있습니다. 자기 운명의 주인이 되는 겁니다. 운명은 주어지는 것이 아니라 의지로 손에 넣는 것입니다.

고대 그리스 견유학파(犬儒學派)의 대표적인 인물인 디오게네스는 극단의 가난에서조차 운명을 자기 것으로 만들며 독립자존을 실현한 인물입니다. 집도 절도 없이 여기저기 얻어먹으면서 살았습니다. 어느 날 얻어 온 스프 찌꺼기를 먹고 있던 디오게네스를 본 지인이 말합니다.

「왕에게 아부만 할 줄 알면 그런 것 안 먹어도 될 텐데.」

이 말에 디오게네스가 대답했습니다.

「자네가 이런 음식을 먹는 법을 배웠더라면 왕에게 아부하지 않아도 되었을 걸세.」

그는 비록 지난한 가난 속에서 살긴 했으나 남의 노예가 되느니 자신의 주인으로 유유자적한 삶을 살았습니다. 어느 날 제자가 그에게 물었습니다.

「스승님, 부자와 거지의 차이는 어디에 있다고 생각하십니까?」

「부자는 자기가 원할 때 식사를 하고, 거지는 할 수 있을 때 한다는 것이다.」

자기 운명의 개척자에게 따르는 이 말이 참 좋습니다. 〈세상에서 폼 잡는 사람치고 향기 있는 사람이 없다.〉 이 노래 가사는 더 절절히 가슴을 파고듭니다.

　　하얀 꽃 찔레꽃 / 순박한 꽃 찔레꽃
　　별처럼 슬픈 찔레꽃 / 달처럼 서러운 찔레꽃

찔레꽃 향기는 / 너무 슬퍼요

그래서 울었지 / 목 놓아 울었지

밤새워 울었지.

〈찔레꽃 향기는 너무 슬퍼요. 그래서 울었지 목 놓아 울었지.〉 자기 길을 찾아 방황하는 동안 겪은 고통이 아파 울었답니다. 외로움에 슬퍼 울었답니다. 자신의 처지가 서러워 밤새워 울었답니다. 이 노래를 부른 가수의 삶을 겹쳐 보니 인생의 신고를 다 경험한 사람의 삶은 향기 그 자체라는 생각을 하게 됩니다.

인생에서 이미 정해진 것은 아무것도 없습니다. 인생이란 마라톤은 끝까지 해봐야 아는 것입니다. 인생을 다 살아 봐야 아는 게지요. 사는 동안 내가 견디며 이겨 낸 고통은 경험으로 축적될 것입니다. 강인한 정신력으로 흘린 땀방울은 승리로 이끌어 갈 것입니다. 고통으로 단련된 내 정신력이 나의 운명이 되는 겁니다. 운명을 자기편으로 끌어당기는 힘을 가진 사람이 진정한 행운아입니다.

비교하는 삶

어떤 종류의 비교든 비교라는 것은 모두 증
오스러운 것임을 이미 아시지 않소. 그런데
뭣 때문에 누구를 누구와 비교하는지 모르겠
소이다.(속편 23장)

인간은 태어나는 순간부터 관계망 속으로 들어갑니다. 산다는 것 자체가 관계 맺기입니다. 그럼으로써 생각이 깨치고 존재 의미를 얻게 되지요. 그래서 자기 이외의 것을 버리기가 불가능해 보입니다. 그런데도 용기 내어 세상일에 침 바르지 않고, 곁눈질 하지 않고 자기 일에만 몰두해 봅니다. 할수록 재미가 붙고 흥이 나니 행복해집니다. 그런데 어느 날 신문에 대문짝만 한 기사가 하나 실렸습니다. 기사의 주인공에 대해 잘 알고, 그 사람이 했던 일도 잘 아는데, 글은 내가 알고 있는 것과 반대로 그 사람을 본받아야 할 훌륭한 인물로 그려 놓고 있습니다. 그때까지 좋아했던 일들을 하지 말아야 할까요? 내가 잘 사는 삶이라고 믿고 있던 신념을 버려야 할까요?

『돈으로 살 수 없는 것들』의 저자 마이클 샌델은 자본주의 사회에서 일어나는 과도한 상업화가 계층 간 분리를 심화시킨다고 합니다. 그러한 분리는 본인을 자기보다 더 나은 처지에 있는 사람과 비교하여 스스로를 열등감에 휩싸이게 하기 때문이라고 합니다. 정말 계층 간 분리 때문에 열등감이 생기는 것일까요? 또 사람은 본능적으로 다른 사람을 부러워하고 자신을 초라하게 여기는 버릇이 있다고 합니다. 옆집 아이를 보며 〈우리 아이보다 공부를 잘하는구나〉 하고 한숨짓습니다. 텔레비전 속 연예인들을 보며 〈나는 왜 쟤들보다 못생겼지?〉 하며 부모를 원망합니다. 정말 열등감은 본능적인 반응일까요?

나는 열등감을 자존감이 낮은 사람에게서 강하게 나타나는 습관성 생각이라고 봅니다. 모든 기준을 나의 내부가 아닌 외부에서 찾으려다 보니 생긴 초조함과 불안감이 열등감을 키운 요인이라고 봅니다. 자기 삶에 스스로 충실하다면 타인과의 비교는 무의미해집니다.

이 말은 관계의 중요성을 무시하려는 것이 아니라 주체성을 가진 외톨이로서의 개인을 긍정하기 위해서입니다. 돈키호테처럼 개인으로서 무한한 내면의 정열을 가지고 자기 안에서 자신의 진실을 확보함으로써 마음의 평화를 누리는 〈나〉를 이야기하는 것입니다. 이런 사람은 세상의 평가에, 속세의 잡음에 귀를 기울이지 않습니다. 선택한 길을 묵묵히 걸어갈 뿐입니다. 자기 맡은 바 임무를 다할 뿐입니다. 자기가 하고 싶은 일을 하려고 노력할 뿐입니다.

정직과 원칙을 지키며 자수성가하신 분의 삶은 어느 성현의 가르침보다 멋집니다. 재능으로 이룬 것도 배경의 도움으로도 아닌 오로지 땀과 눈물로 이룬 것이라 더욱 그렇습니다. 학력은 초등 과정이나 중학교 중퇴가 전부인 경우도 있습니다. 나머지 지식은 독서와 고생으로 쌓은 경험이라 합니다. 곁눈질 하지 않고 매번 주어진 일에 열심을 다합니다. 먹고살려고 시작한 일이긴 했지만 주어진 것에 감사하며 최선을 다하니 다른 일이 왔고, 그 일을 잘하니 또 다른 일을 맡게 되고, 그렇게 살다 보니 지금의 자기가 있게 되었다고 합니다. 자기도 모르게 한 분야의 전문가가 되어 있었다고 합니다. 이분들은 골프할 시간이 없답니다. 막후 교섭할 생각이 없기 때문이랍니다. 폼도 잡지 않는답니다. 시비 걸어 올 사람을 만들고 싶지 않아서랍니다. 화려한 사옥으로 허세 부리고 싶지도 않답니다. 그 돈을 사람 키우는 데 투자한답니다.

보통인으로서 당신은 처음 일을 시작할 때 당신을 기다리는 여러 갈래의 길 앞에서 어느 길로 가야 할지 망설였던 경험이 있을 것입니다. 최상의 선택이 아니었다는 것을 안 순간 실망과 후회로 가슴이 아렸던 적도 있을 것입니다. 이러한 실수가 없도록 학문으로 지식을 쌓고 경험을 통해 정확한 판단력을 키우라고 하지요. 분별력을 키워 내 성격은 어떻고 취미는 무엇이며, 무엇을 잘하는지를 살피라는 게지요. 혹시나 이 말에 〈난 분별력이 없으니 안 되겠네〉 하고 생각할 분이 있다면, 자기가 무엇을 잘하는지 모르겠다는 분이 있다면 그냥 본능에 한번 맡겨 보기 바랍니다. 사람은 조건 없이 좋아하는 게 있습니다. 반면 인내하지 않고서는 받아들이지 못하는 것 역시 있습니다. 그러니 그저 자기 감정에 몰두해 보는 것도 한 방법입니다. 좋다고 느끼는 감정과 능력은 서로 통하기 때문입니다.

그 일이 정말 좋아서 힘든지 모르고 해냈던 경험이 있을 것입니다. 돈키호테처럼 〈미쳐 살면〉 내 안에 또 다른 내가 있어 엄청난 에너지를 쏟아내고 있는 걸 느낄 것입니다. 중요한 것은 남이 장에 간다고 하니 거름 지고 나서는 일은 하지 마십시오. 어떻게 모든 사람이 같은 분야에서 일할 수 있겠습니까. 한날한시에 난 쌍둥이도 다른 구석이 있듯이 각자 가진 재능이 다른데 말입니다. 당신은 당신만의 특별한 가치가 있는 사람입니다. 다른 사람과 동일하지 않다는 데서 기쁨을 느끼는 사람입니다. 그러니 당신은 당신 스스로 당신만의 길을 선택해야 합니다. 선택했다면 전부를 거서도 좋습니다. 아니 자기 길을 찾았다고 생각된다면 최선을 다해야 합니다.

왜, 사람은 권력을 쥐려 할까요? 왜, 돈에 목을 매고 있는 걸까요? 왜, 내 일에 자신이 없고 초조하기만 할까요? 다시 말하지만 열등의식은 자신감이 없어서 생기는 것입니다. 그래서 다른 사람에, 물질에, 또는 권력에 민감하고 그것들에 기대려 하는 게지요. 자신감은 지혜와 경험이 만들어 줍니다. 스스로의 믿음에 의지하는 자만이 마음의 평화를 누릴 수 있습니다.

남들의 잣대가 아니라 내 내면의 소리에 귀 기울여 진정으로 내가 원하는 게 무엇인지 가만히 들여다보십시오. 그것을 나를 향한 사랑이라고 합니다. 그대로의 나를 받아들이려는 마음입니다. 무엇보다 우선해야 할 가치인데, 세상의 가치를 사랑하느라 그것들에 나를 맞추고 나 이외의 잉여 가치에 조급하게 매달리며 살아오고 있지는 않은지요.

정말 자기 내면에 귀 기울여 하고 싶은 일을 찾은 친구들이 들려준 말은 이랬습니다. 〈이것저것 눈치 보지 않고 내가 원하던 일을 찾아 그 일에 매진할 때보다 더 즐거운 적은 없었어. 그 일로 나는 즐겁고 내 일의 결과로 남도 행복해하더라.〉

행복할 시간이 많지 않다

사람들이야 저 좋을 대로 말하라고 하게. 내
가 이런다고 해도, 무지한 사람들은 나를 책
망할지 모르지만 준엄한 사람들이 벌을 내리
지는 않을 걸세.(전편 25장)

자기 자신만의 가치를 남기고 나를 둘러싼 세상의 일에
시간을 허비하지 말아야 합니다. 세상 사람들의 평가에,
세상의 가치에 마음을 두면 절대 행복할 수 없습니다. 인
생은 짧습니다. 스페인 태생 로마 철학자인 세네카는 우리
가 불행한 이유를 시간을 낭비하기 때문이랍니다.

요즘 가장 많이 듣는 소리가 〈바쁘다〉입니다. 왜들 그리
도 바쁜지요. 바빠야 대단한 사람으로 대접 받는 사회가
되어 버린 듯합니다. 그러다 보니 바쁘기 위해 바쁜 사람
도 있습니다. 친구가 보고 싶고 근황도 궁금해서 전화를
넣었습니다. 바빠서 볼 시간이 없다 합니다. 바빠서 친구
에 대한 의리도 저버리기냐며 물어보았습니다. 뭣 때문에
그렇게 바쁜데? 가만히 듣고 보니 많은 일에 포로가 되어

있었습니다. 자기가 만든 일의 수인 생활에 익숙해져서 거기서 벗어나고 싶은 마음이 없어 보였습니다.

톨스토이의 『사람에겐 얼마만큼의 땅이 필요한가』에 나오는 한 부유한 기업가와 어부 간의 대화입니다.

당일 잡은 생선을 다 판 후 파이프를 입에 물고 아주 평안하게 배에 기대어 바다를 감상하고 있던 어부에게 기업가가 물었습니다.

「왜, 당신은 고기를 더 잡으러 나가지 않나요?」

어부는 참으로 태평하게 대답했습니다. 「오늘 잡은 것으로 충분합니다.」

그 말에 부자 기업가는 다시 물었습니다. 「아직 해는 중천에 있고 바다에는 고기가 많은데, 왜 더 잡지 않으세요?」

어부가 뜨악한 표정으로 되레 물었습니다. 「그렇게 해서 뭣하게요?」

이 질문에 기업가는 오히려 어의가 없다는 듯이 대답했습니다. 「돈을 더 벌 수 있잖아요. 멋진 자동차를 살 수 있고 더 큰 배로 바꿀 수도 있잖습니까. 그러면 더 깊은 바다로 나갈 수 있고 더 큰 그물망으로 더 많은 고기를 잡을 수가 있지요. 밑에 부릴 사람들을 둘 수 있으니 힘도 덜 들 것이고 고기잡이에 필요한 장비들도 구입할 수 있고요. 그러면 배 두세 척이 문제겠습니까. 더 많은 배를 확보하고 빌려 주어 벌어들이는 수입도 어마어마하니 권력 역시 가질 수 있게 되지 않겠어요?」

이 꿈같은 말에 어부는 다시 물었습니다. 「그렇게 많은 돈과 권력을 가져서 좋은 게 뭔데요?」

부자 기업가는 대답했습니다. 「안정되게 삶을 누릴 수 있잖아요.」

이 말에 어부는 대답했습니다. 「바로 이 순간에 제가 하고 있는 게 그거 아닌가요?」

이런 이야기는 문학으로나 나올 법한 거라고 말할지 모릅니다. 하지만 스페인에서는 이런 일을 실제로 많이 봅니다. 남부 해안 도시 말라가에서 있었던 일입니다. 두 달간 빌려 살았던 아파트 바로 건너편에 자그마한 생선 가게가 하나 있었습니다. 오전 10시면 가게 앞은 사람들로 붐볐습니다. 진열된 생선은 시장이나 마켓에서 파는 것처럼 다양하고 멋들어진 게 아니었습니다. 잘은 모르지만 상품 가치가 높은 생선이 아니라 이것저것 막 섞여 있는 잡고기 수준이었습니다. 가게 주인이 새벽에 던진 그물에 걸려든 것들이라 그런 것 같았습니다. 가게 문을 연 지 한 시간도 채 지나지 않아 모두 팔렸습니다. 아니 다 팔리면 문을 닫는

가게라서 한 시간이면 장사가 끝났습니다. 줄 서서 기다리다가 빈손으로 돌아가는 사람도 많았지요. 매일 반복되는 일이었습니다. 이미 알고 지내던 주인아저씨에게 위에 나온 내용으로 똑같이 물었답니다. 어떤 답을 들었을까요?

스페인이 PIGS 중의 하나라고 많이들 폄하합니다(참고로 PIGS는 유럽 국가 중 재정 위기에 시달리고 있는 포르투갈, 이탈리아, 그리스, 스페인의 앞 글자를 딴 별칭입니다). 실업률이 높다고 혀를 찹니다. 그런데 OECD 국가 중 미래의 주인공이 될 아동과 청소년들이 가장 행복해하는 나라가 스페인입니다. 이 연령층의 아이들은 부모로부터 많은 영향을 받습니다. 부모의 말과 행동으로 자신의 가치관을 형성하기도 하니 말입니다. 스페인 사람은 친구, 이웃, 친척, 가족을 자주 만납니다. 서로 살아가는 이야기를 나누고 음식과 술도 나눕니다. 세르반테스 말대로 어머니 배에서 태어날 때부터 춤을 추고 나온 민족이라 흥이 많아 어울려 노래도 잘하고 춤도 잘 춥니다. 서로를 보며 각박한 삶에 숨통을 틉니다. 이들은 행복이란 남보다 월등하게 잘나고 돈이나 권력을 많이 갖는 데 있는 게 아니라 합니다. 삶을 잔치로 즐기는 데 부족함이 없으면 된다고 생각한답니다.

『스콧 니어링의 자서전』을 쓴 스콧 니어링이나 『월든』

의 작가 헨리 데이비드 소로가 수많은 사람들의 존경을 받았던 이유가 그들이 대단한 문필가이거나 명연설가였기 때문만은 아니었습니다. 그들의 단순하고 검약하고 가난한 생활 방식 때문이었습니다. 이들이 시골에서, 숲속 호숫가에서 몸소 실현했던 소박한 삶에 자극받아 수천 명의 사람들이 도시를 떠나 농촌으로 갔습니다. 사회를 분열시키는 경쟁과, 출세하고 싶은 욕망과, 부를 향한 투쟁에서 벗어나 노동과 절제의 삶으로 정신적으로 편안한 안식을 누리고 싶어서 말이지요. 마음은 있지만 용기가 없어 못하고 있던 일을 실행할 수 있도록 자극제가 되었던 게지요. 개인적으로나 사회적으로 자유로운 삶을 행복한 삶으로 여기도록 한 본이 된 게지요. 돈키호테는 여기에서 한 걸음 더 나아갑니다.

황금시대라는 행복한 세기에 살았던 사람들은 〈네 것〉, 〈내 것〉이라는 이 두 가지 말을 몰랐기 때문이라오. 모든 것이 다 공동 소유였소. 맑은 샘과 강물은 맛있고 깨끗한 물을 사람들에게 아낌없이 베풀었소. 모든 것이 화평했고, 모두가 의가 두터웠고, 모든 것이 조화로웠소.(전편 11장)

종교가 없고 국가가 없고 소유가 없고 자연이 주는 그

이상의 것을 원하지 않으며, 범죄가 없고 전쟁이 없으며 가난이 없는 시대를 꿈꿉니다. 형제애를 꿈꾼 또 다른 돈키호테인 존 레넌의 「이매진」 노래 가사가 떠오릅니다. 〈당신도 언젠가 우리와 함께하기를 바랍니다. 세상이 하나가 되기를, 우리가 하나로 살 수 있기를 바랍니다.〉

돈키호테는 욕심 없는 세상을 그리며 이렇게 정리합니다. 〈가난한데도 만족하며 살 수 있는 사람은 하느님으로부터 많은 것을 받은 사람임이 틀림없다.〉(속편 44장) 소박한 삶 속에서 자유를 느끼는 자야말로 하늘이 사랑하는 자, 최고의 축복을 누리는 자임이 분명합니다.

나의 가치를 존중하기

사람이 자기 스스로를 귀하게 여기지 않으면
어느 누구도 그를 귀하게 생각하지 않는다
네.(전편 21장)

스스로를 충분하게 존중하는 사람은 그리 많지 않아 보입니다.

오만 원짜리 지폐를 학생들에게 보여 줬습니다. 〈이 돈 가지고 싶은 사람 손들어 보세요.〉 모든 학생들이 손을 들었습니다. 그 지폐를 마구마구 구겼습니다. 그리고 다시 물었습니다. 〈자, 이래도 이 지폐를 가지고 싶은 사람 손들어 보세요.〉 여전히 학생들은 모두 손을 들었습니다. 그 구겨진 지폐를 바닥에 던진 뒤 발로 지근지근 밟고 나서 다시 물었습니다. 〈아직도 이 돈을 원하나요?〉 학생들은 여전히 〈네〉라며 갖겠다는 의사 표시로 손을 들었습니다. 학생들을 바라보며 말했습니다. 〈이 지폐를 구겼고 바닥에 던졌고 발로 짓이겼습니다. 모습이 아주 더러워졌습니다.

그런데도 여러분들은 이 돈을 원합니다. 그건 이 지폐가 갖고 있는 가치가 하나도 변하지 않았기 때문입니다. 여전히 오만 원의 가치를 가지고 있기 때문입니다.〉

살다 보면 잘못한 게 하나 없는데도 억울한 일을 많이 당합니다. 빈정거림이나 냉소, 독설, 부당한 대우, 몰이해, 차별, 무시, 모욕, 모함, 폭언 등등. 가해자는 손에 칼만 들지 않았을 뿐, 피해자는 피를 보이지 않을 뿐, 당해 보지 않은 사람은 이해할 수 없을 정도로 큰 아픔을 남기는 인격 살상 행위들입니다. 이런 것들은 공동체를 와해시키는 것은 물론이고 한 인간의 존립을 불가능하게 만들기도 합니다. 분노를 억누르다 보면 피해자는 자신도 모르는 사이에 주눅이 듭니다. 자아가 고갈되어 자존감이 떨어지고, 자기를 아무런 가치가 없는 인간이라고 느끼게 됩니다. 돈키호테는 산초에게 일러줍니다.

빼어난 덕이 있으면 어디에서든 추적을 당하기 마련이다. 과거 유명인들 가운데 악의에 찬 중상모략을 당하지 않은 사람은 거의 없었다. 아니, 한 사람도 없었다.(속편 2장)

당신을 진정으로 사랑하는 사람은 당신의 가치를 압니다. 당신의 가치는 더 나쁜 상황에서조차 여전합니다. 돈키호테는 이렇게도 이야기해 줍니다. 〈가난한 자들도 덕스럽고 사려가 깊으면 그를 따르고 받들고 보호해 주는 사람이 생기니, 부자가 자기를 따르며 아부하는 사람을 거느리고 있는 것이나 마찬가지다.〉(속편 21장) 아부하는 자는 이익을 쫓는 박쥐입니다. 내가 갖고 있는 권력이나 돈을 보고 따르는 박쥐보다 내 인격을 보고 따르는 진실된 사람을 두는 게 진정한 부자일 것입니다.

다른 이야기를 해볼까요.

한 마을에 구걸로 살아가는 사람이 있었습니다. 그 마을 사람들은 그를 놀리는 재미에 빠져 있었습니다. 500원짜리 동전과 100원짜리 동전을 놓고 그 불쌍한 사람에게 늘 둘 중에 하나를 골라 가지라고 했습니다. 이 사람은 그때마다 100원짜리 동전을 선택했거든요. 하루는 놀리던 사람들 중 한 명이 답답했던지 이유가 궁금해 물었습니다.

「500원짜리가 100원짜리보다 더 가치가 있는데, 왜 매번 가치가 적은 100원짜리만을 고르는 거냐?」 그러자 걸인이 대답했습니다.

「나도 500원이 더 큰 돈이란 걸 압니다. 하지만 내가 500원짜리를 집는 그날 당신들이 나를 갖고 장난치는 일은 끝날 게 뻔하잖아요. 그럼 난 더 이상 돈을 얻을 수가 없을 겁니다.」

　다른 사람들은 그가 바보라고 생각했을지 모르지만 걸인은 그들보다 더 현명했던 것 같습니다. 중요한 건 다른 사람들이 당신을 어떻게 생각하느냐, 무슨 말을 하느냐, 어떻게 대접하느냐가 아니라는 게지요. 당신의 진실된 모습입니다. 당신의 가치를 모르는 이들에게 휘둘리지 말고 무소의 뿔처럼 당당히 당신이 믿는 삶을 사는 것입니다. 만일 당신에게 상처 주는 사람이 있다면 당신이 그 사람보다 더 훌륭해서 그렇다고 생각하십시오. 당신이 대접받지 못한다면 때가 아니라서 그렇다고 생각하십시오. 잘난 척하는 얼간이들 앞에서 일부러 조는 척했다는 호메로스처럼 때로는 못난 척하는 지혜도 필요합니다. 자기의 가치를 아는 자가 진정한 현자라는 걸 기억하기 바랍니다. 당신의 주인은 당신입니다. 산초도 압니다.

　저는 왕을 제거하지도, 왕을 세우지도 않습니다요. 다만 저는 저를 도울 뿐이죠. 제가 저의 주인이니까요. (속편 60장)

나와 싸워 이기는 법

자신을 이기는 것이야말로 인간이 바랄 수
있는 가장 큰 승리란다.(속편 72장)

돈키호테는 자신과의 싸움을 통해 꿈을 이루었습니다.
기사가 되었습니다. 비록 결투에서 패하여 기사로서의 약
속을 지키기 위해 집으로 돌아오긴 하지만 〈자기 자신에게
는 승리하였노라〉고 산초는 말해 줍니다.

승리에는 패자가 있기 마련입니다. 내게 뭔가 이익이 되
는 게 있으려면 누군가 손해를 봐야 하니 말이지요. 내가
어떤 자리를 꿰차 오르면 누군가는 떨어진 게지요. 하지만
어느 누구에게도 피해를 주지 않으면서 최고의 자리로 올
라설 수 있는 싸움이 있습니다. 〈내 자신과의 싸움〉입니다.
아무리 높은 자리에 앉아도 내 엉덩이 밑인데도 기를 쓰고
오르려 하고, 자루가 찢어져도 욕심을 부리는 게 인간이지
요. 마음을 채워야 하는데 곳간을 채우려 하니 늘 그런 일

이 벌어집니다. 다시 말해 세상에서 가장 막강한 적은 우리 마음에 있다는 게지요. 삶은 결국 나 자신과의 싸움입니다. 제대로 서기를 바란다면 이 적을 무너트려야 합니다.

우리가 죽여야 할 것들은 거인들에게서 보이는 오만이요, 관대하고 용감한 가슴에 들어 있는 시기심이며, 평안한 영혼과 평안한 태도에 깃든 분노와 우리가 적게 먹고 잠을 충분히 자지 못하는 데서 오는 폭식과 잠이고, 음탕함과 호색이며, 게으름이라네.(속편 8장)

나를 제대로 서지 못하게 하는 건 내 안에 있는 장애물들입니다. 내가 딛고 일어서야 할 역경들이지요. 나비의 애벌레는 허물을 벗으면서 커가는데 보통 네 번 탈피를 합니다. 허물을 벗을 때마다 일령씩 더해 가는데, 종령이 되면 애벌레에서 번데기가 되지요. 번데기의 상태에서 겨울을 나고 봄이 되면 아름다운 나비로 태어납니다. 크기만 커지는 것이 아니라 색채나 무늬도 변해 갑니다.

나비로 탄생하려면 자기 몸을 감싸고 있던 고치를 뚫고 나와야 합니다. 오랜 시간 고치의 자그마한 구멍이 더 커지지 않은 걸 본 사람이 측은한 마음에 도와주고자 가위로 그 고치의 틈을 벌려 주었습니다. 나비는 쉽게 나올 수가 있었습니다. 그런데 몸이 쭈그러져 있었습니다. 날개가 펼쳐지지 않았습니다. 몸이 제대로 서고 몸을 지탱하려면 날개가 활짝 펴져야 하는데, 좀처럼 되지 않았습니다. 기다리고 또 기다렸지만 날개는 더 이상 뻗지를 못했습니다. 날개가 접힌 채, 몸으로 질질 기어 다니다 생을 마쳤습니다. 아름답고 화려한 나비로 세상을, 꽃을 찾아 자유롭게 단 한 번도 날아 보지 못한 채 말이지요.

작은 틈새로 빠져나오고자 노력하는 동안, 닫힌 고치의 틈새를 벌리려고 애쓰고 또 애쓰는 동안, 고치라는 반드시 이겨 내야 하는 장애물을 뚫고 나오려 맞서 싸우는 동안 날개는 날아오를 수 있는 힘을 얻게 됩니다. 그렇지 못할 경우 날개는 힘을 얻지 못하여 펼쳐지지도, 날아오를 수도 없게 되는 게지요. 나비가 나비로 살아갈 수 있도록 주어진 문제를 해결하지 못하면 나비가 되지 못한다는 것이지요. 어려운 처지나 환경들을 스스로 부숴 버릴 때 나 자신으로 우뚝 설 수 있다는 게지요.

만일 내 앞의 장애물들을 완전히 제거할 수 없다면 감정적인 차원에서 현명해지는 방법이 있습니다. 스스로 자신의 한계를 긋는, 〈나는 안 돼! 나는 못해! 내가 할 수 있다고?〉라며 자신을 부인하는 부정적인 생각을 버리는 겁니다. 계속 부정하다 보면 내 삶은 사라지고 마니 말입니다.

대신 긍정적인 에너지로 당신을 격려해 보십시오. 〈내겐 좋은 일만 있을 거다〉, 〈나는 할 수 있다〉, 〈나보다 잘난 놈 없다〉. 화가 날 일이 있으면 그 화의 연유가 무엇인지를 살피십시오. 보기 싫은 사람이라서 만나기를 피해 왔다면, 〈다 같은 사람이다〉라고 생각하며 만나십시오. 나를 반기지 않을 것 같은 사람들이 있다 해도 가서 반갑게 웃으며 인사하십시오. 웃는 얼굴에 침 뱉을 자 없을 것입니다. 남 앞에 서서 말하는 게 두려우면 청중을 〈나와 같은 사람〉이라고 생각해 보십시오. 혹시 내 모습이 다른 사람에게 웃음거리가 되지 않을까 생각한다면, 나로 인해 분위기가 화기애애해진다는 생각으로 주저하지 마십시오. 환영받을 것입니다. 더욱 당신을 좋아하게 될지도 모릅니다.

생각으로 부족할 때, 나를 나이지를 못하게 하는 상황에 초라해져 주눅 들어 있을 때면 난 음악을 틉니다. 그리 늘어지지 않은 박자의 아주 슬픈 음악을. 그리고 그 음악에 몸을 맡기고 내 몸의 구석구석을 마구 털어 냅니다. 한 시간 털고 나면, 운동이라 해도 좋습니다, 왠지 모를 용기가 올라옵니다. 가슴 밑바닥으로부터 새로운 에너지가 차오르는 것을 느낍니다. 다른 사람들이 나를 욕한다 해도 욕으로 받아들이지 않게 됩니다. 소크라테스에게 사람들이 그에 대해 나쁜 말을 하고 있다는 소문을 전하자 소크라테스는 〈그 사람들 이야기 속에는 내가 없소이다〉라고 했답니다.

장애가 클수록 승리는 더 영광스럽고 위대합니다. 자신을 이기는 것보다 더 큰 승리는 없습니다. 한 번으로 멈추지 말고 자신을 얻을 때까지 반복하십시오. 당신을 나비처럼 화사하고 우아하게 날지 못하게 했던 장애들이 하나둘 사라짐을 느끼게 될 것입니다. 이렇게 당신을 이기고 나면 당신은 하늘 높이 날 수 있고 꽃들 사이에서 노니는 세상을 품을 수 있습니다. 무엇을 해도 자신감이 생길 테니 말이지요.

세상은 녹록지가 않습니다. 하지만 우리는 더 지혜로워지고 싶고, 강해지고 싶고, 더 많이 벌고 더 높이 출세하고 싶고, 용기를 갖고 싶고, 사랑을 받고 싶지요. 이것들은 그냥 주어지지 않습니다. 난제들을 해결하도록 하여 지혜를 쌓게끔 합니다. 어려운 상황에 처하게 하여 강해지도록 합니다. 생각할 머리와 단단한 근육으로 열심히 일하게 하여 부를 일구게 합니다. 곤경에 처한 사람들을 돕게 하여 사랑을 알게 합니다. 이렇게 당신에게 주어지는 것은 어려운 관문일 뿐입니다. 시련과 고생을 즐기십시오. 하나하나 난관을 극복해 가며 몸과 마음을 다져 나갈 때 당신은 당신을 이기는 가장 훌륭한 승리를 거둘 수 있을 것입니다.

명예를 아는 자

지난해의 둥지에는 이미 올해의 새가 없는
법이오.(속편 74장)

춧대라는 단어가 있습니다. 자기의 처지나 생각을 꿋꿋
하게 내세우는 기질이나 기풍을 말합니다. 절개, 지조라는
말도 있지요. 이 단어들을 우리 선조들은 대나무로 비교
설명해 줍니다. 대나무 줄기가 곧게 뻗어 있고 마디마디가
분명하게 드러나서 말이지요.

마디와 마디 사이 속은 비어 대통을 이루는데, 마디는
막혀 있습니다. 통하되, 지켜야 할 바에서는 목숨을 거는
강직함을 보여 주는 것이라 해석하지요. 마디는 불에 타도
재가 되지 않습니다. 빈 속은 너그럽고 넉넉하게 사람을
받아들이고 까칠하고 사나운 마음을 없애 버리라는 뜻도
있답니다. 대나무는 절대로 가로로 잘라지지 않습니다. 옆
으로 빗나감이 없음을 보여 주는 것이라 합니다. 대나무의

잎은 사시사철 푸릅니다. 푸르되 아래로 숙이고 있어 겸손한 모습이 읽힙니다. 눈이 와도 부러지지 않습니다. 강풍에도 우뚝 곧게 서 있는 대나무를 다른 곳에 옮겨 심으면 잘 자라지 않는 것 역시 곧은 성질 때문이랍니다. 전통 혼례 초례상을 송죽(松竹)으로 장식하는 것을 보면, 송죽같이 변하지 말고 절개를 지킬 것을 기원하는 뜻인가 봅니다.

이렇게 강직한 성품, 불의에 굽히지 않는 절개를 대나무를 통해 인격이나 처신의 척도로 삼은 게지요. 윤리 도덕적인 완성체의 상징을 대나무에 빗댄 〈대쪽같은 사람〉이라는 말이 나온 이유도 여기에 있습니다. 불의나 부정과는 타협하지 않는 지조 있는 사람을 말하는 게지요.

대나무가 군자의 상징으로 얘기되는 이유가 잘 설명된 글이 있습니다. 당나라 시인인 백거이의 「양죽기(養竹記)」입니다. 대나무의 단단함과, 바르고 곧지만 속이 비어 있는 특성을 발견하고 여기에 네 가지 의미를 부여했습니다. 덕을 세운다 하여 수덕(樹德), 몸을 세우는 입신(立身), 몸이 마땅히 따라가야 할 길인 체도(體道), 그리고 뜻을 세우는 입지(立志)입니다. 본성이 곧아 덕을 세워 흔들림이 없어야 하고, 곧기에 중심을 잡고 남에게 신세지지 아니하고, 속이 비어 이를 본 자는 마음의 비움을 생각하고, 마디의 곧음으로 수행하여 자기의 뜻을 세워 유지한다는 게지요.

대나무를 얘기할 때면 영락없이 인용되는 사람이 고려 충신 정몽주입니다.

이 몸이 죽고 죽어 일백 번 고쳐 죽어
백골이 진토 되어 넋이라도 있고 없고
임 향한 일편단심이야 가실 줄이 있으랴

이성계의 다섯 번째 아들 이방원이 그를 죽일 핑계를 만들고자 〈이런들 어떠하리 저런들 어떠하리……〉 하고 간죽대니 이렇게 자신의 단호한 마음을 들려주었지요. 결국 원통하게 피살되었고, 그 사건이 일어났던 다리가 선죽교로 이름 붙여진 연유가 바로 이 대나무 같은 성품 때문이지요. 착할 선(善)에 대나무 죽(竹)을 써서 말입니다. 그를 죽이도록 한 자는 정몽주가 죽은 뒤 13년이 지난 1405년에 그에게 문충(文忠)이라는 시호를 내렸답니다. 조선이라는 새 나라의 기틀을 다지는 데 정몽주와 같은 충신이 필요하다고 보았기 때문이지요.

일제가 우리나라 정부의 각료를 총칼로 협박하여 1905년 11월 17일에 강제로 체결하게 한 을사조약 하면 떠오르는 인물이 있습니다. 국치 앞에 비분강개하고 통곡하지 않을 수 없었다던 민영환입니다. 나라의 치욕과 백성의 욕됨을 사죄하고, 나라와 민족이 자유 독립을 회복할 초석은 자기 목숨을 스스로 끊는 일밖에 없다고 생각했던 인물이지요. 그분이 자결한 곳에 혈죽(血竹)이 돋아났다는 일화가 있습니다.

타협할 수 없는, 절대적으로 지켜 내야 할 가치가 무너지는 것을 본다면 우리는 어떻게 해야 할까요? 이런 상황에서 목숨까지 내놓을 수 있는 인물들을 두고 덕과 학식이 높고 어진 이라 하여 군자라고 합니다. 학식이 있으며 행동과 예절이 바르고 의리와 원칙을 지키며 관직과 재물을 탐하지 아니하는 고결한 인품을 가진 사람이라 하여 선비라고도 합니다. 이름을 소중하게 여겨 그 이름이 더럽혀질 부끄러운 짓은 하지 않으며 절개와 신의를 지킨다 하여 충신애명(忠臣愛名), 충신열사(忠臣烈士)라는 말로도 일컫습니다. 서양에서는 〈명예를 아는 자〉로 정리됩니다. 지켜 내야 할 가치를 위해 죽음도 불사하는, 인간의 존엄성과 품위를 갖고 있는 사람을 부르는 말이지요.

돈키호테는 자신이 세상에 내리고자 한 가치가 불가능함을 알게 됩니다. 성이라고 믿었던 것이 객줏집이고, 공주라고 믿었던 것이 하녀라는 것을 알게 됩니다. 상상 속의 사랑은 위대했습니다만, 현실에서는 잔인합니다. 고매

한 이상을 두고 사람들이 장난질 합니다. 자기가 믿었던 세상이 무너집니다. 그러한 추한 현실 앞에 타협은 있을 수 없습니다. 죽음밖에는 길이 없습니다. 믿음을 잃는 것보다 더 큰 불행은 없다는 게지요. 그래서 돈키호테는 믿음의 영웅이기도 합니다.

곧아 변하지 않고, 비어 관대한 대나무를 생각해 보면 돈키호테와 많이 닮았습니다. 염치를 생각하고 타인의 재물을 탐하지 않고 지켜야 할 바를 바꾸지 아니 하고 시속에 따라 아부하거나 굽히지 아니하고 꿋꿋하게 홀로 서는, 〈명예를 아는 자〉라서 말입니다.

스스로를 등불 삼아

비록 목숨을 잃는 한이 있더라도 진리를 지
키고 지지하는 자가 되어야 한다네.(속편
18장)

요즘 텔레비전 드라마에 단골로 등장하는 소재가 출생
의 비밀입니다. 내가 대학생이었을 때는 여자 버리고 부모
무시하는 남자 얘기가 많았습니다. 애면글면 고시 뒷바라
지 해줬더니 검사 되고 판사 되자 안면 바꾸는 사람들 말
이지요. 자리가 습관을 바꾼다고, 한자리하니 얼은 손 불
어 가며 먹이고 키운 부모까지 창피하다고 피합니다.『돈
키호테』에서 삼손이 산초한테 이와 똑같이 말합니다. 그
말에 산초가 대답하지요.〈그건 천하게 태어난 사람들이나
하는 짓입니다요.〉(속편 4장)

바로 어제까지 소주잔에 불의를 토해 냈던 사람들이 자
리 꿰차자 불의의 양주잔을 거푸거푸 마셔 대는, 초심을
포기한 사람들은 어디에나 있는 모양입니다. 그런 사람 지

켜보던 우리나라 시청자들은 〈권력의 칼을 쥐어 주니 사람 꼴, 나라 꼴 다 망가트리는구나〉라며 탄식하며 분통해했습니다. 다행히 드라마 속에서는 시적 정의Poetic Justice가 예외 없이 일어났습니다. 뿌린 대로 거두는 모습을 보며 영혼과 마음을 치유했습니다. 마지막 회로 치달을 때면 거리가 한산할 정도였으니 말입니다.

초심을 잃지 말라는 말, 그 마음을 잃으면 네 자신을 잃게 된다는 말을 어릴 적부터 귀에 딱지가 앉을 정도로 들어 왔습니다. 그런데 그 마음이란 게 미꾸라지처럼 어찌나 잘 빠져나가는지, 자기 합리화와 자기 방어는 또 얼마나 잘하는지요. 그래서 개인의 탈선행위를 사람에만 초점을 맞추면 안 된다고 시스템을 바꾸자고 합니다. 결함이 있는 제도 안에서 개인의 도덕적 타락은 당연한 것이라면서 말이지요. 부정부패가 만연한 나라에서는 정직하게 있고자 한 사람마저 어쩔 수 없이 불의에 가담할 수밖에 없다는 연구 결과가 있다면서 말입니다. 주위가 썩으면 썩지 않으려고 애쓴 사람이 부당한 불이익을 받기 마련이니 제도적 장치를 보완하고 개선할 것을 제안하지요.

흠, 제도적 장치가 필요할 수도 있습니다. 하지만 그건 근본적인 해결책이 못 됩니다. 사람이 사람으로서 제 역할을 하지 못하니 외부로부터 조절을 받자는 얘긴데, 제도보다 중요한 건 개개인의 주체적인 윤리의식이라고 나는 생각합니다. 자유라는 이름을 부르는 것만으로도 희망이 되었던 시절이 있었는데, 인간이 더 이상 자기 의지와 생각의 주인으로서 절대적인 주권을 행사하지 못하고 그 주도권을 제도나 조직에 넘겨주어야 하는 상황까지 몰린 것 같아 씁쓸합니다.

그뿐만이 아닙니다. 4차 산업혁명이라는 말로 요즘 과학이 나아가는 길을 보면, 만일 그러한 지식과 기술이 악용된다면 인류의 종말까지 생각해 봐야 할 정도로 가공스럽다는 생각이 듭니다. 사이보그, 인공지능, 증강 현실을 넘어 인간보다 뛰어난 미래의 인공지능과 경쟁하기 위해서 실제 인간의 뇌까지 증강하는 기술을 개발하고 있답니다. 평생 사용해도 다 못 쓸 어마어마한 뇌세포를 갖고 있는 인간이 그것으로 해결하지 못할 문제를 만들어 놓고, 그 문제를 해결하기 위해 과학의 힘에 자리를 넘겨주는 겁니다. 이미 인공지능이 인간 의사보다 더 정확하게 진단을 내리고 치료법을 결정합니다. 법전이나 판례를 스스로 연구하고, 응용 프로그램을 돌려 인간을 재판합니다. 로봇이 수술을 합니다. 무인 자율 운행차가 인간보다 훨씬 사고를 적게 냅니다. 만물의 영장이라는 인간이 제도에 통제당하고, 기계에 밀리며 점점 더 예측하기 어려운 불확실한 세상으로 내몰리고 있습니다.

이렇게 무력하게 속절없이 주저앉기 십상인 상황에서 인간의 모습을 지키게 해주는 것은 무엇일까요? 궁금해집니다. 우리의 존재 의미를 따져 보아야 할 필요성이 절실해집니다.

불심으로 나라의 안녕을 꾀하고자 간행한 팔만대장경에 새겨진 부처님 말씀의 제일은 〈사람의 몸으로 태어난다는 것은 어렵다〉는 진리입니다. 사람의 몸으로 태어나는 것은 전생에 엄청난 공덕을 쌓아야만 가능하다지요. 그토록 어렵게 태어난 몸이니 악을 짓지 말고 선을 받들어 행하라 합니다. 스스로 마음을 깨끗이 하여 교만하지 말고 비굴해 하지 말라고, 자기가 아는 대로 진실을 말하라고 합니다. 이치가 명확할 때는 과감히 행동하라고도 합니다.

불교 경전인 『대반열반경』은 〈자등명(自燈明) 법등명(法燈明)〉을 부처님이 남긴 최후의 당부라며 적고 있습니다. 〈스스로를 등불로 삼고, 스스로를 의지하라〉는 뜻으로 풀이하지요. 나는 과학이나 제도 등, 무엇으로도 대체되거나 의지하지 말고 인간으로서 스스로가 등불이 되어 진리를 밝히라는 의미로 이해합니다.

스페인 사상가 오르테가 이 가세트는 『키호테의 성찰』에서 〈나는 나와 내 환경이다〉라는 명제로 자신의 철학을

정립하며 이렇게 덧붙입니다. 〈하지만 내가 환경을 구하거나 뛰어넘지 못하면 나는 내가 될 수 없다.〉

주권을 가진 자유인으로서의 의식을 상실한 채 온갖 환경의 노예로 산다면 나란 존재는 없어진다는 게지요. 스페인 20세기 정치가인 마누엘 아사냐는 자유가 인간을 행복하게 해주지 않을지도 모른다고 했습니다. 하지만 적어도 인간을 인간으로 존재할 수 있게 해준다고 합니다. 그 무엇의 노예가 아닌, 인간을 인간일 수 있게 해주는 이 자유가 진리를 가능케 합니다. 〈진리가 너희를 자유롭게 하리라.〉

어느 조직에서든, 조직의 어느 한 부서에서만이라도, 아니 그중 한 사람만이라도 〈그게 아닙니다. 틀렸습니다. 안됩니다〉라고, 높은 분들의 기분을 살피기보다 진리를 앞세울 수 있다면……. 스스로가 나와 주위를 밝히는 등불일 수 있기를 꿈꿔 봅니다.

당신이 앉는 자리가 상석입니다

내가 어디에 앉든 내가 앉는 자리가 상석이
되니까. (속편 31장)

스페인은 입헌 군주 국가입니다. 군주의 위대함과 우아
함의 상징이 마드리드 오리엔트 광장에 있는 왕궁입니다.
왕권이 얼마나 대단한지를 입증해 주는 건물입니다. 마드
리드를 관통하여 흐르는 만사나레스 강 옆에 있던 성채가
1734년에 화재로 전소하자 펠리페 5세가 이탈리아 건축가
필리포 후바라에게 의뢰하여 세운 궁전입니다. 공사가
26년 동안 진행되었으니 스페인 부르봉가의 역대 왕들이
왕궁 건설에 간여하게 되었지요. 내부의 화려한 장식은 카
를로스 3세와 4세의 취향을 반영하고 있습니다. 현재 이
왕궁은 알폰소 13세 왕이 1931년에 양위한 뒤로 공식 행사
에만 사용되고 있습니다.

1879년에 만들어진 연회용 식당은 약 100명이 앉을 수

있는 긴 테이블과 프레스코화가 그려진 천정과 고전 신화 장면을 수놓은 태피스트리로 장식된 벽면이 황금색 톤으로 통일을 이루고 있어 샹들리에와 함께 몽환적 분위기를 자아냅니다. 흰색 바탕에 녹색의 나무줄기 장식으로 꾸며진 연두색 톤의 도자기 방은 천정과 벽면이 도자기로 부조되어 있습니다. 나폴리 사람 가스파리니가 장식했다 하여 그의 이름이 붙여진 가스파리니 홀은 로코코 양식의 18세기 중국풍이고, 그 옆 부속 방에는 고야가 그린 카를로스 4세의 초상화 두 점과 파르마의 마리아 루이사 초상화 두 점이 전시되어 있습니다. 웅장하고 장엄미가 넘치는 대리석 계단과 스페인 도자기 명소들에서 제작된 용기들을 한자리에 모아 놓은 홀과 유리 방 등, 유럽의 어떤 왕궁에도 견줄 수 없을 희귀품과 예술품들이 왕궁을 화려함과 위엄으로 겹겹이 싸고 있습니다.

벌어진 입을 다물지 못하고 이리저리 살피던 내가 한참 동안 눈을 둔 곳은 앞서 본 그러한 공간들이 아니었습니다. 바로 왕을 알현하는 자리였습니다. 바닥에서 단지 10센티미터 정도의 높이에 놓인 왕 부처의 의자였습니다. 왕 부처를 뵈러 온 사람을 지척에 두고 눈을 맞출 수 있게 놓여 있더군요. 우리나라 텔레비전 사극에서 보아 오던 높다랗게 솟아 있던 왕좌나 서너 계단 높게 놓여 있는 덕수궁 접

견실과 사뭇 달라 많이 놀랐습니다.

스페인뿐만 아니라 유럽의 국회 의사당 내 의원들의 자리를 보면 왠지 답답함이 느껴집니다. 긴 반원형 테이블 뒤로 큰 덩치의 의원들이 벤치 같은 의자에 다닥다닥 붙어 앉아 있는 모습 때문입니다. 서로 마주 보며 가까이 앉기에 마이크도 필요하지 않은 것 같습니다. 야당 대표들이 자기 자리에서 일어서서 여당 당수의 얼굴을 보며 문의하고 앉으면 여당 대표가 일어나 해명하고 의견을 내고 다시 뜻을 묻고 받으며 국정을 논합니다. 권위를 드러내는 공간이 아니라 토론하고 대화하고 협상하고 타협하는 공간임을 보여 주는 듯합니다.

의사당 내 의원 좌석만이 아닙니다. 우리나라 사무실 개념에 빠져 있던 내겐 스페인 국회의원 사무실이 정말 초라해 보였습니다. 보좌관에게 내 생각을 전했습니다. 의아하게 쳐다보며 반문하더군요. 의정 활동에 더 이상의 공간과 장식이 왜 필요한지를 말입니다. 자리가 그 사람의 권위를 대변해 주는 우리나라와 비교해 보다, 왜 선진 유럽인지를 새삼 느꼈습니다. 내용이 부실하면 포장이 거창합니다. 내용이 알차면 장식이 필요하지 않습니다. 자랄 때 집 현관문 안쪽 벽 위에 〈德厚者有光〉이라고 적힌 액자가 걸려 있었습니다. 우스개로 이렇게 여쭙곤 했지요.

「아빠, 중국 사람들은 때가 많아 번들거려 빛이 나는 거야?」

「덕이 두터운 자는 어디에 있든 빛이 난단다. 그러니 그 사람이 어디에 앉든 그 자리도 빛나지 않겠니?」

2

어떻게 살고,
어떻게 죽을 것인가

이 세상을 하직하고 땅속에 들어갈 때
에는 날품팔이건 왕자건 좁은 길을 가
며, 신분의 차이가 있다 해도 교황의 몸
이 교회지기의 몸보다 땅을 더 차지하
는 것은 아니니. (속편 33장)

양심이 이끄는 삶

자네는 자네 양심에 따라 살면 되는 거라네.
(속편 55장)

　세상에서 가장 아름답고 숭고한 가치들이 승리를 거두
는 적이 별로 없어 보입니다. 민주화가 민주적으로, 평등
이 평등으로 이루어지지 않았고, 평화가 평화로, 정의가
정의로, 자유가 자유로 얻어지지 않으니 말입니다. 돈키호
테는 〈좋게 할 수 있는 일을 나쁘게 하지 말라〉고 하지만,
세상은 호시탐탐 우리의 발을 걸어 넘어뜨릴 기회만을 엿
보고 있는 것 같습니다. 지금 보는 세상이 이토록 요지경
이라서 그렇고, 아직도 아름다운 가치들의 고귀함에 대한
이야기를 하고 있으니 또 그렇습니다. 윤리적 삶을 공상으
로 폄하하고 세속적인 욕망을 엄연한 현실이자 자연의 법
칙이라고 하니 말입니다. 세상이 소인배들의 것으로 바뀌
어 가고 있는 것 같아 보입니다. 인간 존재의 참을 수 없는

가벼움에 진저리가 날 정도가 되어 가고 있으니 말이죠. 그런 세상에서 남에게 인정받지 못하고 놀림만 당할 것을 알면서도 자기가 옳다고 믿는 바를 행하려는 자는 어리석은 사람으로, 돈키호테처럼 정신 나간 사람으로 취급당할지도 모릅니다. 그런데 혹시, 옳지 않다고 생각하는 일을 바로잡지 못해서 마음이 계속 불편했던 적은 없었나요?

마음이 여리고 착한 내 고향 친구 B가 괴롭다며 꺼낸 이야기입니다. 자기 말에 웃지 말라고, 남편처럼 병적 증세라고 하지 말아 달라는 당부와 함께 말이지요. 친구 기억에서 평생 사라지지 않을 것 같다며 들려주었습니다.

대여섯 살 때였다고 합니다. 집에서 걸어 5분 거리에 큰 시내가 있었답니다. 장마 때면 둑 위에 서서 넘실대는 물을 구경했는데, 가물면 바닥이 보이는 실개천이 되고, 물에 씻긴 돌멩이들이 하얗게 몸을 드러내던 곳이었다지요. 동네 언니들과 함께 햇볕에 데워진 돌을 모아 안방 건넛방 만들며 소꿉놀이를 하고 있는데, 그때 친구보다 어려 보였던 아이 하나가 자기네 쪽으로 다가왔답니다. 언니들끼리 쑥덕쑥덕하더니 그 아이가 신고 있던 고무신을 뺏고는 아이를 옆 모래 구덩이에 내려놓았답니다. 당시에는 빈 병이나 찌그러지고 낡은 냄비나 고무신을 갖고 가면 엿으로 바꿔 주었거든요. 아이는 양팔을 뻗으며 꺼내 달라고 울었지만 친구는 그냥 지켜만 보고 있었답니다. 괴로웠답니다. 이 말을 하는 순간에도 그 아이의 모습이 너무나 생생하게 떠오른답니다. 언니들을 말리지도 못하고, 집에 와서 부모에게 그 사실을 알리지도 못한 채 방에 박혀 힘들어 하다, 신발 한 켤레 집어 들고 다시 아이가 있던 데로 가보니 다행히도 집에 갔는지 보이지 않았답니다.

아직 자아조차 형성되지 않은 나이 때의 일을 두고 그때나 지금이나 괴로워하는 친구를 보면서 어린 시절 뭐든 나쁜 것만 꾀하던 악마보다 더한 아이들이 몇몇 있었던 기억이 납니다. 셰익스피어 희곡 『맥베스』에서 맥베스가 왕을 죽인, 피가 뚝뚝 떨어지는 칼을 들고 자기 방으로 들어서며 바다의 물로도 씻어 내지 못할 거라고 하지요. 하지만 그의 아내는 물 한 바가지면 다 씻을 수 있다고 합니다. 같은 사람인데 왜, 이런 차이가 있는 걸까요? 성선설과 성악설로 분석해 볼 문제일까요? 아니면 환경과 교육, 기질의 문제로 봐야 하나요?

성경에 따르면 인간은 신이 금한 선악과를 따먹는 죄를 지었고, 동생 아벨을 죽인 카인의 후예이기도 하지요. 그런데 신의 형상대로 지어진 덕분인지 자신의 행위에 대하여 도덕적인 책임을 생각하는 양심이 있게 되었나 봅니다. 그래서 성 아우구스티누스는 악이 없는 선은 없고 선이 없는 악은 없다고 하지요. 그러니까 성악설을 주장한 순자는 이 양심이 무뎌지지 않도록 수양을 권했던 것 같습니다. 맹자에게는 이 양심이 인간이 덕성으로 높아질 수 있는 단서가 되는 게지요. 학계에서는 양심이라는 문제를 두고 인간 고유의 불변적인 것인지, 진화의 결과에 의해 생겨난 것인지에 대해 논의하고 있답니다. 물론 이 두 가지 이론을 부정하는 사람들도 있습니다. 사람의 사회적 지위와 그가 받은 교육 등으로 형성되는 것이라면서 말이지요.

친구의 경우, 지위를 얻기 전부터, 사회적 교육을 받기 전부터 괴로워했던 것을 보면 양심은 고유한 것이라는 이론에 힘을 실어 주고 싶습니다. 아리스토텔레스도 『니코마코스 윤리학』에서 인간은 의를 실천하려는 탁월성을 갖추고 태어났다고 주장하고 있으니 말입니다. 다만 후천적인 환경의 노출로 그 정도가 다를 뿐인 것 같습니다. 인성이 악하다는 순자도 노력하면 선한 방향으로 교정할 수가 있다고 하니 말입니다.

양심이란 잊고 사는 거 같은데 어디서 나타났는지 모르게 불쑥 자신의 존재를 드러내지요. 진흙탕 속 보석처럼 어떻게든 자기 존재를 드러내고 말지요. 양심은 내 이익에 눈이 어두워 불의에 눈 감을 때 더 잔인하고 신랄해집니다. 솔직하지 못할 때 더 가혹해지지요. 실수할 때마다 내가 넘어진 이유가 내 주위에 널린 장애물이 아니라 나의 조심 없는 행동임을 지적해 주지요. 불행의 근원은 내 외부가 아니라 바로 나 자신에게 있음을 알려 줍니다. 어리석은 일을 저질렀을 때 내가 참 미련하다는 사실을 깨닫게 해주는 것은 법이 아니라 양심이지요. 남의 흠을 지적할 때 내 과실이 더 크고 중함을 일깨우는 것 역시 양심입니다.

그때 이후 친구는 하루를 마무리하는 시간에 〈오늘은 부끄러운 일 없었니?〉 하며, 귀한 양심을 헐값에 판 일이 없는지 살핀답니다. 종종 불의를 보면 가만히 있지 못하여 비행 청소년들을 붙들고 꾸짖는답니다. 아이가 〈엄마, 그러다가 다쳐〉라고 염려할 정도랍니다.

양심이라는 이 〈도덕적 의식〉은 책임과 밀접하게 연결되어 있다고 봅니다. 임무나 의무를 수행했을 때는 마음이 밝아지고, 거부했을 때 괴로운 게 그 증거이지요. 우리나라 속담에 버릇없고 방탕한 사람을 두고 〈어른 없는 데서 자라났다〉는 말이 있습니다. 나는 사회적 책임을 질 수 있는 사람을 어른이라고 생각합니다. 그렇게 보면 내 친구는 어릴 적 경험으로 어른으로서의 책임을 다하고 있는 듯합니다. 아파트 단지에서 흡연하던 중고생들을 나 몰라라 지나쳤던 나는 어른값을 못 했습니다.

인생의 재미

걱정스러운 마음으로 산다는 것은 즐거운 일
이 아니다.(속편 1장)

(병석에서 일어나도록) 할 수 있는 모든 방
법을 동원하여 그를 즐겁게 해주려고 노력했
다.(속편 74장)

인간은 아무리 많은 돈과 명예를 가졌다 해도 만족할 줄
모릅니다. 끊임없이 욕망하는 존재라서 마음에는 늘 근심
걱정이 있을 수밖에 없습니다. 그래서 가진 것을 제대로
즐길 수가 없습니다. 근심이 마음을 장악해 버리면 아무리
좋은 것을 먹고 좋은 사람과 같이 있어도 즐겁지가 않거든
요. 걱정거리를 없애지 못하면 즐거운 삶을 살 수가 없다
는 얘기지요. 그래서 옛 성현들은 세상의 때를 벗으면 진
정한 자유와 함께 즐거움을 만끽할 수 있다고 하나 봅니다.
근심거리를 버리면 삶이 재밌어진다는 얘기지요. 삶을 즐
길 줄 알아야 죽음 역시 견딜 수가 있다면서 말이지요.
  세상 때가 묻지 않은 어릴 적 삶은 즐거움 그 자체이지
요. 그런데 그 즐거움을 앗아간 사건이 내게 있었습니다.

중학생 때 받은 피아노 수업에서 선생님이 내가 건반을 제대로 짚지 못할 때마다 긴 자로 손등을 후려쳤거든요. 눈물이 솟구칠 정도로 아팠고 수치스러웠지만 참았습니다. 하지만 가슴 설레며 기다리던 피아노 수업이 점점 공포로 바뀌어 버렸습니다. 마음 깊은 곳에서 솟아오르고 있었던 피아노에 대한 열정이 공포와 두려움으로 사라지기 시작했던 게지요. 재미는 이럴 때도 없어지더군요.

자연이 좋아 풍경을 그냥 넘기지 못하고 요리조리 살펴 그리기를 좋아합니다. 대학에서 전문적으로 배우고 싶어 학원에 등록을 했습니다. 그런데 그때부터 이상하게 그림이 싫어졌습니다. 일처럼 여겨지더니 즐겁지가 않았습니다. 기막히게도 심리학에서 이런 현상을 〈과잉 보상〉이라는 용어로 설명하고 있습니다. 어떤 행위가 보상을 위한 수단이 되면 즐거움이 사라진다는 게지요. 칭찬이나 보상을 받고자 하는 일은 오래가지 못한다는 겁니다. 즐거움이나 호기심 등의 내적 동기로 시작한 일은 더 잘 몰입되어 인정이나 보상과 같은 외적 동기로 시작한 일보다 훨씬 오래 지속되고 결과도 당연히 더 훌륭하다고 합니다.

미국의 심리학자이자 코넬 대학 앨리스 이센 교수는 즐거움이라는 긍정적인 감정은 뛰어난 인식 능력을 갖게 하고 창조력을 키우고 기억력을 증진시키며 사회성과 책임감을 극대화한다고 합니다. 아인슈타인이 자기의 기발하고 창의적인 발명품들이 모두 재미에서 나왔다고 했듯이 말입니다. 분별력과 융통성은 말할 필요도 없습니다. 그뿐인가요. 웃음, 기발한 재치 등의 긍정적인 감정이 분노나 소외나 절망과 같은 부정적인 감정으로부터 인간을 해방시켜 준답니다.

아이들이 깔깔대며 웃는 모습을 보면 즐거움 그 자체입니다. 그런데 요즘 길에서 웃는 모습의 아이들이 별로 보이지 않습니다. 길에 노는 아이들이 보이지를 않습니다. 사회가 건강하려면 아이들의 웃음소리가 넘쳐 나야 하고, 진정한 교육은 교육 수혜자에게 자발적인 동기를 불러일으켜야 하는데, 그것은 학원이 아니라 놀이라는 재미로 시작됩니다. 아이들에게 〈놀아라〉는 말은, 어른들에게 〈월급 배로 올려 주겠다〉라는 말과 같은 효과를 가집니다. 잘 놀 줄 아는 부모는 자식에게 고통을 주지 않습니다.

니체는 즐길 줄을 모르는 게 인간의 원죄라고 합니다. 고대 로마 시인이었던 호라티우스는 지식을 전달하고 싶다면 정보에 재미라는 옷을 입히라고 합니다. 지식을 전달하는 방법을 간을 치유하는 약에 비유하여 설명합니다. 간은 단것을 좋아하니 간에 좋은 약에 단것을 입히면, 단것을 빨아들인 간은 저절로 낫게 된다는 게지요. 사람도 재미있는 사람이 환영받습니다. 썰렁음판 같은 분위기를 유머 한마디로 녹여 내는 사람이 있습니다. 자유로운 정신과 마음의 여유가 없이는 불가능한 일이지요. 어설프게 억지로 짜낸 유머는 오히려 분위기를 얼어붙게 합니다.

스페인 국민은 세르반테스를 스페인의 가장 위대한 인물로 꼽고 있습니다. 자기들을 웃게 만들어 오랫동안 행복하게 해주었기 때문이랍니다. 독자를 즐겁게 하고자 한 그의 진심을 스페인 국민은 자신들을 향한 작가의 가장 고귀한 사랑으로 받은 게지요. 사랑하는 사람은 어떻게든 상대를 웃게 만들려고 하니 말이죠. 돈키호테 역시 즐거움에 이끌려 자신의 꿈을 실천으로 옮깁니다.

〈돈은 못 벌지만 정말 재미있어요. 이렇게 재미있는 걸 예전에는 왜 몰랐을까요?〉 뒤늦게 자기가 좋아하는 일을 찾은 사람들이 하는 말입니다. 우리는 우리 길을 찾으려고 노력합니다. 그러기 위해서는 내가 이 일을 하면 부자가 될 것인지, 승진할 확률은 높은지, 상은 받을 것인지 등의 외적 유용성을 따지기 전에 오직 자기 목소리, 자기 생각, 즉 내면의 욕구에 먼저 집중해 봐야 할 듯합니다.

진작 길을 찾았는지 어떻게 아느냐고 묻는다면, 재미있으면 그게 당신 일이라고 답해 주고 싶습니다. 물론 세상에 어떻게 재미있는 일만 하고 사느냐 목구멍이 포도청이다, 라고 하는 사람이 더 많을 것입니다. 그런데 먹고살 일을 찾더라도 찾고자 방황하는 동안 인생을 배우게 되고, 주어진 일을 열심히 하다 보면 재미가 붙고 행복해지는 경우가 많습니다.

인생을 긴 여행에 비유합니다. 그런데 여행은 즐기기 위해 하는 게 아니던가요. 매사 즐겁다는 마음으로 임하면 몸도 활기차집니다. 부담에 치이고 욕심에 지쳐 있으면 마음이 약해지고 우울해져 즐거움이 저 멀리 사라지고 맙니다. 스티브 잡스가 스탠퍼드 대학 졸업식에서 한 연설이 떠오릅니다. 〈어렸을 때 막연히 재미있고 좋아서 찍어 나갔던 점들이 나중에 선으로 이어진 것을 보았다.〉 재미가 있으면 반드시 결과는 있습니다.

고마워할 줄 아는 마음

태생이 훌륭한 사람은 자기가 받은 은혜에
감사할 줄 알며, 하느님을 가장 노엽게 하는
죄 중의 하나가 은혜를 모르는 것이오.(전편
22장)

어릴 때부터 나는 고양이와 개의 엄마였습니다. 단지 그
들의 언니나 누나로 살고 싶었지만, 다섯 명이나 되는 자
식들 뒤치다꺼리도 힘든 어머니에게는 단지 동물을 키울
수 있게 허락해 준 것만으로도 감사해야 했습니다. 밥 챙
기는 일부터 모래판 갈아 주기, 예방주사를 놔주기 위해
동물 병원 다니는 일 등을 챙겼습니다. 내가 돌볼 상황이
못 될 경우에는 아버지가 대신 해주셨지요. 그래서 어머니
가 아버지 때문에 화날 일이 있을라치면 아버지 서재에 고
양이 모래판이나 강아지 밥그릇부터 날라다 놓으며 애먼
화풀이를 하시곤 했습니다. 내게 떼려도 뗄 수 없이 붙어
있는 책임감이라는 게 아마도 그 동물들 덕분에 생겨난 게
분명해 보입니다.

그런데 언제부터인지 고양이보다 개 쪽으로 마음이 기울면서 고양이는 더 이상 키우지 않게 되었습니다. 고양이는 아무리 예뻐해도 참 차갑습니다. 자기만 알고 고마워할 줄을 모르는 거 같습니다. 하지만 개는 아니더군요. 외국에 나가 있을 때면 열흘이나 제대로 먹지도 않고 현관만 바라보고 있는 건 어떻게 이해해야 하는 걸까요? 나는 강아지에게 돈도 주지 않고 선물도 건네지 않고 좋은 말을 해주지도 못합니다. 하지만 강아지는 자기보다 나를 더 생각하는 모습으로 주인이 자기에게 무엇을 해주었는지를 안다는 게지요. 고마움을 온 마음으로 안다는 게지요. 돈키호테는 인간도 동물에게서 배워야 할 게 있다고 합니다. 〈학에게서는 조심하는 법을, 개미에게는 보호하는 법을, 코끼리에게서는 성실성을, 말에게서는 충성심을, 그리고 개에게서는 감사하는 법을 말입니다.〉(속편 12장)

　무엇을 해줘도 고마워할 줄 모르는 사람들에 절망하여, 말 못하는 짐승들에게 사랑을 주는 사람들이 늘어나고 있답니다. 어쩌다 이런 속담이 나왔는지 모르겠습니다. 〈짐승도 은혜는 안다.〉 짐승도 은혜를 아는데 하물며 사람으로서 은혜를 모르고 저버릴 수 있겠느냐는 질책이지요. 선을 악으로 갚는 사람도 있으니 말입니다.

　〈고맙다〉 세 음절 내뱉는 데 힘 많이 안 듭니다. 돈 드는 거 아닙니다. 그런데 이 말이 거두는 긍정적인 효과는 어마어마합니다. 참 귀찮고 체면까지 깎이는 일이 이 말 하나로 다 보상되는 듯합니다. 그리고 진심으로 〈고맙다〉, 라는 마음을 갖는 순간 자신의 가치가 높아지는 경험을 하게 됩니다. 자기 안에서 밝고 긍정적인 에너지가 나오는 걸 느끼게 됩니다.

돈키호테는 이렇게도 말합니다.

슬픔을 치유하고 궁핍에서 건져 내고 처녀들을 보호하고 과부들을 위로하는 일을 가장 잘할 수 있는 사람은 다름 아닌 편력기사들입니다. 그래서 저는 그런 일을 할 수 있음에 하늘에 무한한 감사를 드립니다. 어떠한 불운이나 고난도 영광으로 생각할 것입니다.(속편 36장)

세상에서 보호받지 못하는 자들을 지키고자 어떠한 고난이나 불운에도 자기 한 몸 다 던질 수 있게 되었음에 감사한다고 합니다. 한 알의 밀알이 죽으면 많은 열매를 맺는다고 합니다. 하지만 죽을 수 있는 기회가 아무에게나 오는 건 아닙니다. 한 알의 밀알로 썩을 수 있는 기회가 주어진다면 오히려 감사해야 할 것 같습니다. 감사란 이럴 때 빛을 더하지요. 보람 있는 일을 할 수 있어서 감사하니,

그 과정에서 만나게 되는 모든 역경에도 감사하게 되겠지요. 힘든 삶이 자기를 다듬어 완성시켜 주기에 감사한 일이지요. 세상이 생각대로 되지 않아도 감사한 마음을 가지면, 뜻하지 않던 일이 일어나 얼마나 삶을 재미있고 풍요롭게 해주는지를 경험할 수 있을 것입니다. 투정만 부리고 살아서 갖게 되는 건 아무것도 없더군요. 〈다른 사람의 불행은 나의 행복〉이라고 생각하는 사람이 많거든요. 오히려 당사자의 영혼이 피폐해지고 사람들은 곁을 떠난답니다.

당신이 누군가로부터 은혜를 입어 감사함이 넘쳐 난다면 다른 사람에게 그 감사한 마음을 이야기해 보십시오. 그 이야기를 들은 사람 역시 자기도 남에게 감사할 일을 할 마음을 갖게 될지 모릅니다. 감사하는 마음은 전파력이 크답니다.

목표를 향한 열정

이런 즐거운 생각을 하다 보니 거기서 오는
야릇한 희열에 이끌려 그는 자기의 꿈을 실
천에 옮기려고 서둘렀다. (……) 편력기사가
되어 무장한 채 말을 타고 모험을 찾아 온 세
상을 돌아다니면서 자기가 읽은 편력기사들
이 행한 그 모든 것들을 스스로 실천해 보자
는 것이었다.(전편 1장)

난 시골에서 유년과 초등학교 시절을 보냈습니다. 집 뒤
뜰에 수령이 꽤 되어 둥치와 가지가 튼실했던 자귀나무 한
그루가 있었습니다. 학교가 파하고 집에 오면 사과나 때에
따라 찐 감자 하나, 그리고 책 한 권을 들고 종종 이 나무에
올랐습니다. 원줄기와 가지 사이 공간은 내 몸 하나 담기
에 넉넉했습니다. 동네 골목길이 한눈에 들어오고 하늘과
구름이 친구하자고 손 내밀며 다가오던 그런 장소였습니
다. 미색에서 붉은빛으로 이어지는 솜털 꽃의 향기는 참으
로 달콤했습니다. 이곳에 어스름이 찾아오면 책을 덮고 온
갖 가지 상상의 세계로 들어갔습니다. 소공녀가 되어 악독
한 원장과 싸워 정의를 내리는 여전사가 되었습니다. 옳은

일에 용기내 주었던 톰 소여도 얼마나 사랑했는지 모릅니다. 헬렌 켈러로 살려다 무릎이 깨지고 발목을 접질리기도 했지요. 앤 설리번 선생이 되어 담임선생을 바꿔 보기도 했습니다. 그날 읽은 책에 따라 변하던 이 같은 내 어릴 적 꿈은 나이 들며 좀 더 현실에 맞게 구체화됩니다.

대학에서 테니스 동아리에 들었습니다. 오빠 라켓으로 2학년 때 여학생부 준우승을 했습니다. 엄마 말 안 듣고 아침 굶으며 동계 훈련 받다 디스크에 걸렸습니다. 새끼발가락까지 뻗치는 고통으로 침, 부황, 사혈, 물리 치료 등 온갖 시술을 다 받았습니다. 일 년여 시간을 그렇게 보내고 있자니 삶이 좌초되는 것 같았습니다. 아버지가 해외 출장에서 사 오신 헤드 상표 라켓이 자꾸 내게 말을 걸어오기도 했습니다. 〈일어서야지, 그렇게 있으면 안 되지〉 하고 말이죠. 다리 힘을 키우기 위해 새벽 5시에 집 뒷산을 올랐습니다. 방과 후 동네 코트에서 다시 연습을 시작했습니다. 시합 중, 약해진 다리 때문이었는지 넘어져 무릎에서 많은 피가 흘렀습니다. 우승을 했습니다.

난 현실 감각이 없었던 것 같습니다. 명문고나 명문 대학에 들어가겠다는 꿈을 가진 적이 없거든요. 스페인 화가 벨라스케스 그림이 좋아서 스페인을 전공했습니다. 배우면서 스페인에 대한 호기심이 커져 갔고 스페인을 꿈꾸었습니다. 당시 미국 유학도 허락받기 어려운 판에 스페인 유학은 언감생심이었습니다. 부모님이 허락하실 리가 만무합니다. 보낼 수밖에 없는 방안을 찾아야 했습니다. 스페인 정부 장학금을 받았습니다. 이렇게 보면 나는 꿈에 꿈을 더해 가면서 지금껏 살아온 것 같습니다. 부자가 되겠다거나 권력이나 명예라는 큰 꿈이 아니라 살면서 상황마다 가진 자그마한 꿈들이 나의 의지를 키웠고 그 결과 내 인생이라는 집이 세워진 것 같습니다. 어릴 적 가졌던 꿈 역시 부지불식간 삶의 단계마다 동력이 되었지요. 니체는 말합니다. 〈누구나 자기 미래의 꿈에 계속 또 다른 꿈을 더해 나가는 적극적인 삶을 살아야 한다. 현재의 작은 성취에 만족하거나 소소한 난관에 봉착할 때마다 다음에 이어질지 모를 장벽을 걱정하느라 미래를 향한 발걸음을 멈춰서는 안 된다.〉

사람만 꿈을 가집니다. 동물은 꿈을 꾸지 않습니다. 자연이 인간에게만 준 위대한 선물입니다. 하지만 꿈은 꾼다고 이루어지지 않습니다. 단지 시작일 뿐입니다. 꿈을 이루기 위해서는 의지와 노력이 뒷받침되어야 합니다. 인내를 기르고 정신을 단련하여 강인한 정신력으로 버텨야 합니다. 세상에 노력 없이 이루어지는 건 아무것도 없습니다. 박씨 물어다 주는 제비는 없습니다. 만일 그런 제비가 있다면 얻은 것의 소중함을 알지 못하니 곧 잃어버리는 게 세상의 이치지요. 버텨 낸 인고의 시간과 흘린 땀방울은 결코 배신을 모릅니다.

돈키호테는 자기 한 몸 희생하여 정의롭고 자유롭고 행복한 황금 세기를 이룰 꿈을 갖습니다. 그래서 그는 〈노천에서 견디기 힘든 한여름의 햇살과 살을 에는 한겨울의 얼음을 온몸으로 이겨 내며 밤낮을 가리지 않고 겨울에나 여름에나 목마름과 굶주림에 시달리고 추위와 더위를 견뎌 내며 하늘의 무자비와 땅의 불편함을 모두 무릅씁니다.〉 (전편 13장, 17장) 그로 인해 〈고생은 셀 수 없이 많지만 또한 그것으로 얻는 행복도 무한하다는 것〉(속편 6장)을 알기 때문이지요.

그처럼 거창한 꿈이 아니라도 좋습니다. 내가 좀 더 성장하고 누군가에게 보탬이 되는 일을 하고자 하는 꿈은 누구나 이룰 수 있을 것입니다. 아무리 작은 것일지라도 고단한 삶 속에서 가지는 꿈은 큰 위로가 됩니다. 주어지는 역경이 또 다른 꿈에 도전하기 위한 기회라고 여기면 삶의 의미가 충만해짐을 느끼게 됩니다. 꿈을 갖고 그것을 향해 나아가면 자존감이 높아집니다. 무엇보다 꿈을 이루어 가고 있는 자신을 발견할 때 그보다 더한 행복은 없을 것입니다. 목표를 향해 열정을 다하니 시기, 질투, 열등감이 들어설 여지 역시 사라집니다. 돈키호테처럼 꿈에 〈미쳐 보는 것〉, 그것이 열정이고 그래서 삶입니다. 돈키호테 같은 온화한 광인이 세상을 바꿉니다.

나이 들어 보니 젊었을 때 꾼 꿈 잊고 산다는 분 많습니다. 세상살이에 치이고 주어진 의무에 충실하자니 꿈은 잘 때 갖는 것밖에 없다고 합니다. 먹고사는 일이 급한데, 내 꿈을 갖거나 이룰 욕심을 어떻게 갖느냐고 오히려 반문합니다. 자신의 재능에 의식적으로 눈을 감으려 하고, 스스로 〈넌 안 돼! 헛된 꿈이야!〉라는 말로 위안을 삼는다고 합니다.

그러나 이것은 현실에 안주하는 나약한 인간의 한계를 드러내는 일입니다. 지루한 일상에 익숙해지려는 도피입니다. 타성에 젖고 습관에 짓눌려 자기 존재를 부정하는 한 방법이지요. 그렇게 세월은 흘러가고 빛나던 재능도 사라진 자신을 발견하게 된다면 어떤 말로 자신을 변명할 수 있을까요?

만일 지금 당장 꿈에 도전할 형편이 안 된다면, 할 수 있을 때를 기약하며 늘 가슴에 꿈을 품고 키워 나가는 것도 좋습니다. 사느라 부득불 당장은 어렵다 할지라도 꿈이 있으면 삶이 활기차고 풍성해지거든요. 열정만 있다면 만년에도 결실을 맺을 수 있는 게 꿈이니까 말입니다. 그러니 절대 포기해서는 안 되는 게 꿈입니다.

　나는 또 다른 꿈이 있습니다. 퇴직한 후 할 일을 꿈꿉니
다. 〈돈키호테의 꿈〉이라는 스페인 문화 센터를 운영할 계
획입니다. 정년까지 고려한다면 46년 동안 전공한 자산만
으로도 운영은 가능할 거 같습니다. 이러한 꿈이 있으니
앞으로의 삶이 여기에 맞춰지겠지요. 살아가는 삶의 방향
이 정해진 것입니다. 〈고〉만 하면 됩니다. 돈 때문이 아닙
니다. 정년까지 30년 이상 가르치는 게 될 것이니 소박한
말년을 보낼 만큼은 제공되리라 믿습니다. 갈수록 정년이
빨라집니다. 반면 평균 수명은 길어집니다. 노동의 기회는
줄어드는 반면 여가의 시간이 많아집니다. 창조적으로 여
가를 보내는 공간을 마련해 둬야 한다는 마음이 일었습니
다. 내가 기른 상추와 토마토로 스페인 샐러드 만들고, 감
자, 양파, 달걀로 스페인 오믈렛 만들어 나누며 문화 얘기
나눌 겁니다. 개중에는 이런 나를 핀잔하는 사람도 있습니
다. 〈네가 무슨 능력이 있어서? 돈이 있니? 땅이 있니? 그
냥 손자나 돌보며 살아.〉

　돈키호테는 능력이 되어서 꿈을 가졌던 게 아닙니다. 결
핍이 오히려 꿈을 만듭니다. 신문에서 읽은 천주교 수원교
구장을 지낸 고 김남수 주교 이야기가 그 한 예가 되겠지
요. 그분의 41년 성직 생활의 출발점이 삶은 달걀이었답니

다. 궁핍한 생활로 달걀 하나 먹지 못했는데, 어머니는 집으로 찾아오신 신부님께 삶은 달걀을 대접하셨답니다. 어린 마음에 신부님이 남기시면 먹으려고 했는데, 그걸 알리 없는 신부님은 달걀을 다 드셔 버렸답니다. 어머니에게 자기도 달걀 먹게 해달라고 떼를 쓰다 꾸지람을 듣게 되자 그랬다네요. 〈그러면 나도 커서 신부님 될 거다!〉 꿈을 이루신 거지요. 나 역시 헤드 라켓으로 우승한 거 아닙니다. 이만 원 주고 구입한 한일 라켓이었습니다. 왜냐고요? 셋째 딸의 비애이지요. 언니가 자기가 테니스 배울 때 쓸 거라며 가져가 버렸거든요. 〈그 라켓 없어도 나 우승할 거다!〉 꿈을 이루었지요.

아무리 애쓰고 노력해도 이룰 수 없는 꿈이 있다고요? 돈키호테의 꿈 역시 이룰 수 없는 거였다고요? 그러니 부서지고 깨졌는데도 결국 이루지 못하고 눈을 감지 않았냐고요? 그게 인간이라고요? 그렇습니다. 하지만 돈키호테는 그 꿈으로 살아 있었습니다. 꿈이 이루어질 거란 믿음으로 그 어려운 시대도 견뎌 냈습니다. 힘이 부족할 땐 믿음이 도와줍니다. 그런데 그 꿈과 믿음을 잃는 순간 그에게는 죽음이 찾아왔습니다. 꿈은 오직 이루어야 하는 데 그 존재 의미가 있는 게 아닙니다. 나는 파울로 코엘료의 『연금술사』에 나오는 이 말을 진리라 생각합니다. 〈인생을 살

맛 나게 해주는 건 꿈이 실현되리라 믿기 때문이다.〉꿈은 이루어지는 것이라고 믿어야 인생이 살맛나고, 그 언저리에라도 머물 수 있습니다. 그리고 꿈이 없던 산초가 돈키호테로 인해 꿈을 갖듯이 내 꿈으로 인해 누군가도 꿈을 꿀 수 있게 됩니다. 열정은 또 다른 열정을 불러 일으키는 법이니까요.

같이 가는 삶

괴로워하는 자나 사슬에 묶여 있는 자나 억
압받는 자들이 그런 모습으로 길을 가는 것
을 보게 되었을 때, 그들의 고통에 눈을 돌려
도움을 필요로 하는 그들을 도와주는 것이
기사의 임무이다.(전편 30장)

철저하게 스페인 국민에게 잊혀 있던 세르반테스가 작
가로서 다시 세상에 나온 것은 영국인 로드 카터릿 남작의
공입니다. 그가 세르반테스 최초의 전기 출판에 비용을 댔
기 때문입니다. 그 사람은 기념비적인 최초의 『돈키호테』
근대판 출판 비용도 댔습니다.

독일의 메르켈 총리는 정치인의 생명줄인 자국민의 표
와 지지 기반 역시 잃을 줄을 알면서도 난민 구호에 앞장
섰고, 난민 구호 단체의 어느 회원은 난민들의 묘지로 변
해 가고 있는 지중해에서 네 살 된 아이의 구명조끼를 양
손에 쥔 채 통곡했습니다. 〈이 아이를 내가 살리지 못했습
니다. 내가 살리지 못했습니다.〉

한국전쟁 당시 이름 한번 들어 본 적 없는 나라의 자유

를 위해 21개국의 약 196만 명의 젊은이가 우리나라에 와서 피를 흘렸습니다. 스페인 내전 당시 6만 명의 외국 젊은이가 스페인 민중의 자유를 위해 목숨을 바쳤습니다. 편안한 삶을 뒤로 하고 열악한 환경의 오지에서 생면부지의 사람들의 목숨을 구하려 의술을 베풀고 생명수를 파주는 많은 사람들이 있습니다.

이렇듯 지켜 내야 할 가치를 위해 인류사적 책임을 묵묵히 수행하는 사람들이 있습니다. 잘못되어 가고 있는 것을 보며 고통스러워하고, 우리가 손쓸 수 없는 비극 앞에 힘들어 하는 사람들이 있습니다. 규정보다 힘없는 자들의 고통을 앞세우고, 돈과 권력 따위에 개의치 않고, 위험이 따르더라도 올바름을 지켜 내고, 온몸으로 세상의 부조리와 편견에 맞설 수 있는 사람들이 있어서 세상은 아직 살 만한가 봅니다. 인간에 대한 믿음을 저버리지 못하는가 봅니다.

나는 운동을 사랑합니다. 기술적으로 한 단계 올라서기 위한 극기와 결과에 승복할 줄 아는 자세와 패자에 대한 배려 등의 성품을 키울 수 있어서 그렇습니다. 즐거움이나 기쁨이라는 긍정적인 정서로 행복해지니 또 그렇습니다. 그래서 초등 과정에서부터 국영수보다 체육이 필수 과목이 되어야 하고, 1인 1운동을 주장하는 사람 중 하나입니다. 신체적, 정신적 건강보다 더 막강한 실력도 없거든요. 이런 내가 신문에서 운동으로 이룬 인류애의 정석을 읽었습니다. 하계 올림픽 육상 여자 5000미터 예선 2조 경기에서 있었던 일을 기사화한 것입니다.

400미터 트랙 12바퀴 반을 돌아야 하는데, 결승선을 4바퀴 넘게 남겨 둔 상황에서 함께 달리던 여자 선수 두 명이 충돌하여 쓰러졌습니다. 이럴 경우 나 같으면 경황없어 그냥 후다닥 일어나 달렸겠지요. 그런데 이들은 달랐습니다. 먼저 일어선 선수가 뒤에 쓰러져 있던 선수에게 다가가 어깨에 손을 올렸습니다. 〈일어나. 결승점까지 달려가야지. 이건 올림픽이잖아.〉 두 사람이 친구였냐고요? 아닙니다. 그 경기에서 처음 만났습니다. 이 선수의 말을 듣고 정신을 차린 다른 선수는 일어섰습니다. 같이 몇 걸음을 옮겼습니다. 하지만 먼저 일어섰던 선수가 주저앉았습니다. 충돌의 충격이 컸다고 합니다. 그러자 상대 선수가 함께 멈췄습니다. 〈괜찮아, 뛸 수 있어?〉라고 물으며 일어설 수 있도록 두 팔을 잡아끌었습니다. 그사이 시간은 흘렀고, 다른 선수들은 이미 멀리 가 있었습니다. 4년 동안 피땀 흘려 고생한 이들의 올림픽은 이걸로 끝나는 거였습니다. 그래도 두 선수는 다시 달렸습니다. 뒤처진 이 선수들은 서로를 응원했습니다. 〈앞만 보고 계속 뛰어〉라고요. 먼저 골인한 자는 뒤에 도착한 선수를 꼭 안아 주었습니다. 관중들은 이들에게 기립박수를 보냈습니다. 이 중 한 선수는 걷는 것조차 어려워 휠체어에 앉아 경기장을 빠져나갔습니다. 대회 경기 감독관은 두 선수가 자기들의 실수가 아닌 불가피한 상황으로 넘어진 것으로 판단해 두 선수 모두 결선에 나설 수 있도록 조치했습니다. 경기장에 있었던 모든 사람들이 인간애로 그려 낸 한 폭의 명화였습니다.

이 기사를 읽으며 얼마 전에 내가 한 행동이 떠올라 얼마나 부끄러웠는지 모릅니다. 나이 들어 드럼을 배웠습니다. 눈이 쉬 피곤해져 악보 보는 일이 쉽지 않고, 팔과 다리가 따로 놀아 힘들 때도 있지만, 온몸이 땀에 젖을 정도로 연주가 되면 그 맛이 일품이라 좁은 거실 안쪽에 전자 드럼까지 갖춰 놓아 식구들을 괴롭히고 있습니다. 빨래 걸이가 되어 버릴 거라고 기를 꺾는 만류에도 불구하고 구입했으니 연습하는 모습을 보여야지요.

드럼 연주회가 있었습니다. 학예회 수준으로 그동안 닦았던 실력을 동호인들과 즐기는 자리입니다. 독주도 있지만 묻어갈 수 있게 두 명이 하는 공연도 있습니다. 네 장짜리 악보의 곡이었는데, 무사히 세 번째 장에 들어가고 있었습니다. 그때 스틱 하나가 오른쪽에서 연주하고 있던 동료로부터 날아들었습니다. 운동 신경은 있었던 터라 그 스틱을 오른손으로 받아 한 손에 두 개의 스틱을 쥔 채 박자를 놓치면 안 된다는 일념으로 연주를 계속 이어갔습니다. 마지막 장에 들어가서야 문득, 스틱을 쥐고 있으면 상대방이 찾을 수 없을 거란 생각이 들었습니다. 그래서 오른쪽 바닥으로 던졌습니다. 곡을 마친 순간 〈이게 아닌데〉 하는 당혹감이 밀려 왔습니다. 진작 연주를 멈추고 동료에게 스틱을 찾아 줄 생각을 하지 못한 내가 정말 창피했습니다. 이런 사소한 일에서조차 혼자 살자고 한 내가 기가 막히더군요. 구경한 사람들은 재미있어 하며 크게 웃었지만 난 정말 작아져 쥐구멍이라도 있으면 들어가고 싶은 심정 간절했습니다.

돌발 상황에서 어떻게 반응하느냐에 따라 그 사람의 진가가 나옵니다. 인간의 본능적인 반응으로 돌리는 건 자기기만이지요. 죽을 것을 알면서도 물에 뛰어들거나, 폭발할 것을 알면서도 차에 들어가 생면부지의 사람을 구하는 의인들이 있잖습니까. 나 딴에 아니라고 생각했는데, 하찮은 일에 목숨 거는 습성에 익숙해져 그런 반응이 나온 것이었습니다. 생활 속에서 인류애를 실천하는 훈련이 필요합니다. 더는 부끄러운 짓 말아야겠습니다.

악을 악으로 갚지 않기

온화하고 교양 있고 정중하고 신중하고 근면
해야 한다. 오만하지 않아야 하고, 우쭐하지
말아야 하며, 험담가가 되어서는 안 되고, 특
히 동정심이 있어야 한다.(속편 6장)

〈온화하고 교양 있고 정중하고 신중하고 근면해야 한
다.〉 도덕적 생활의 최고 이상인 〈착함〉의 실천 강령입니
다. 스스로 지켜야 할 행동 규칙으로 어느 누구도 강제할
수 없으며, 인간 상호 관계 속에서 마땅히 가져야 할 내면
의 원리라 정의됩니다. 보통 〈인성〉이라는 용어로 정리되
는 게지요. 〈온화하고 정중〉하면 사람을 기분 좋게 만듭니
다. 〈배려〉지요. 타인의 가치를 존중하여 용기를 주고 일어
서도록 하지요. 〈교양〉은 우아하며 귀족적인 분위기를 만
들어 냅니다. 악은 근거 없는 자만심인 〈오만〉의 틈을 노립
니다. 〈신중함〉은 해서는 안 될 일과 피해야 할 일을 알려
줍니다. 〈험담〉은 자기 무덤을 파는 일이 됩니다. 〈동정심〉
은 인정입니다. 돈키호테는 〈근면〉을 〈행운의 어머니〉라

합니다.

스페인 바로크 문학의 거장 칼데론은 「인생은 꿈입니다」에서 삶을 이렇게 요약합니다.

인생이란 무엇인가? 하나의 열정
인생이란 무엇인가? 하나의 환상이자
그림자이며 허상이다.
그리고 최대한의 선도 부족하다.
모든 인생이 꿈이며
꿈은 단지 꿈일 따름이다.

〈인생은 꿈이다. 하지만 열정으로 사는 동안 선의의 마음이 흔들리지 않도록 항상 조심하고 단속해야 한다〉로 읽힙니다. 『돈키호테』의 핵심도 〈선의 실현〉입니다. 맹자는 동물에게는 없고 인간에게만 있어 인간을 인간이게 만드는 네 가지 본성이 있다고 합니다. 먼저 남의 어려운 처지를 자기 일처럼 딱하고 가엾게 여기는 측은지심입니다. 심리 현상의 하나로 한마디로 〈동정심〉입니다. 그다음은 옳지 않음을 부끄럽게 여기는 수오지심입니다. 〈오만하지 않고 우쭐대지 않는〉 마음에서 나옵니다. 세 번째는 남을 위하여 자신의 이익을 희생하는 사양지심입니다. 〈온화하고 겸손해야〉 가능합니다. 끝으로 옳고 그름을 판정하는 시비지심입니다. 〈교양〉을 갖추어야 그런 분별력이 생깁니다. 다른 생김새로 다른 방식으로 살아도 인간이라면 반드시 가야 할 길은 동서양이 같습니다.

그런데 어떤 조직이든 선한 사람의 정극단엔 악한 사람이 있습니다. 자기의 허점은 수십 개인데도 다른 사람의 실수를 찾는 데 혈안이 돼 있지요. 모든 문제를 자기에게만 유리하게 결정하는 이기주의자이지요. 비겁한 수단을 쓰는 데 조금도 주저함이 없지요. 상대의 명예를 훼손할 정도의 상처를 입히고도 죄책감이 전혀 없지요. 뭐 그리 대단한 일 한다고 구성원의 분노와 좌절을 키우고 그들을 짓밟아 원한을 사는지 이해 불가입니다. 밉지요. 이런 사람 좋아할 자 아무도 없지요.

세상살이 중 가장 힘든 일은, 도무지 내 의지로 어쩔 수 없는 경우입니다. 안 보고 살 수 있으면 좋으련만 그럴 수 없으니 견뎌 내야 하니 말입니다. 당사자가 자기의 모습을 제대로 볼 생각이 없으니 아무리 고쳐 주려 해도 안 되니 참 힘이 들지요. 그렇다고 내가 계속 분노하고 미워하며 살 수는 없는 법입니다. 내가 지옥이 되니 말이지요. 정신에 문제가 생기거나 병으로 죽거나 할 것 같습니다. 인격이 결여된 못난 놈 때문에 내가 명대로 못 산다면 나만 더 억울해집니다. 이럴 땐 바꿀 수 있는 것을 바꾸면 됩니다. 내 마음입니다. 돈키호테는 이런 사람에게 제동을 걸고 이겨 낼 수 있는 방법은 〈착한 마음과 용기〉(전편 33장)라고 합니다.

〈착한 마음〉은 칸트나 니체가 말한 것처럼 용기가 없어서, 강하지 못해서 갖게 되는 게 아닙니다. 인생에서 일어날 예기치 않은 일들에 대비해 마음의 훈련을 잘 해두라는 뜻입니다. 악을 악으로 갚지 않는 마음, 저렇게밖에 될 수 없게 된 사람과 그렇게 만든 상황을 측은하고 안타깝게 여기는 마음과 해악을 무심하게 바라볼 수 있는 힘을 키우라는 것입니다. 오히려 그런 사람을 통해 내가 어떤 사람인지 자문해 보는 기회로, 한 뼘 더 성장할 수 있는 기회로 여기라는 것입니다.

〈용기〉란 〈모욕〉을 〈모욕〉으로 받아들이지 않는, 무시할 수 있는 정신력이기도 합니다. 명예가 훼손됐음에도 무시하고 대응하지 않으면 바보라고 하는 사람도 있습니다. 사람 좋은 것과는 다르다고 하면서 말이지요. 돈키호테도 일러 줍니다. 〈하느님이 만드신 법이든 사람이 만든 법이든 자기를 욕보이려는 사람으로부터 자신을 지키는 일은 허락되어 있다〉(전편 8장)고 말이죠. 하지만 〈작은 말다툼에도 모욕을 당했다고 느끼고, 그에 대한 복수를 한답시고 다닌다면 그건 분명 안 될 일이다〉(속편 27장)라며 〈과격함을 자제하고〉(전편 8장), 〈자기를 지켜야 하는 경우라도 모욕하는 일은 없어야〉(속편 32장) 한다고 합니다. 그러니 대응하기 전에 먼저 자신에게 물어봐야 합니다. 〈내가 화낼 만한 가치가 있는 일인가? 내가 싸울 만한 가치가 있는 일인가? 나도 같은 부류의 인간으로 추락할 위험은 없는가?〉 하고 말이죠.

계속 화가 난다면 시간을 가져 보십시오. 돈키호테 말대로 〈분노가 한번 터지면 그 혀를 바로잡아 줄 아버지도 교육자도 제동기도 없으니까요.〉(속편 27장) 화는 폭주하는 기차와 같아서 달리기 전에 브레이크를 걸 필요가 있습니다. 그래야 평생 후회할 일을 만들지 않습니다. 그래도 분이 풀리지 않아서 되갚아 줄 계획을 준비한다고 칩시다. 그러는 사이 문득 〈어떻게 내가 이렇게까지 하게 되었지?〉하는 후회의 마음이 든다면 계획을 접으십시오. 접는 게 용서는 아닙니다. 인간에게 용서는 쉽지가 않습니다. 맞설 마음을 버리라는 겁니다. 그러면 화도 점점 사라집니다. 화는 잊으려 하면 할수록 더 기억되는 고약한 성질이 있습니다. 동시에 시간과 함께 희석되어 사라지는 묘한 존재이기도 하지요. 그러니 그냥 지나가도록 내버려 둬야 합니다. 되레 억울한 바를 밝히려고 당한 일들을 기억해 내려 하다 보면 더 괴롭고 에너지와 시간을 낭비하는 것 같아 자신이 참 한심해 보이기도 합니다.

만족과 기쁨을 주는 일이 아니라면 내가 옳다는 것을 증명하려고 애쓸 필요 없습니다. 그리고 어떻게 해도 바꿀 수 없는 일에 에너지를 낭비하는 것만큼 미련한 짓도 없습니다. 무엇보다 내가 편해야 합니다. 하늘에는 진실의 신이 내려다보고 있습니다. 돈키호테는 말합니다. 〈모든 사물을 들추어내는 시간은, 아무리 깊은 땅 속에 숨어 있다 해도 무엇 하나 태양 빛 아래 끌어내 놓지 않고 내버려 두는 것이 없다네.〉(속편 25장) 그리고 〈정당한 복수라는 것은 어떠한 경우라도 있을 수 없다〉(속편 27장)고 말이지요. 그러니 세월 가면 밝혀지지 않는 진실은 없을 거라 믿으며, 내 신념대로 묵묵히, 태연하게 내 길을 가면 됩니다. 〈좋게 할 수 있는 일을 나쁜 방법으로 하지 말라는 것이 신중함의 한 요소〉(전편 22장)라는 말과 〈우리의 적에게 선을 베풀고 우리를 미워하는 자를 사랑하라고 명령하고 있다. 이 명령을 지킨다는 게 다소 어려울 것 같으나 이행 불가능한 일을 우리에게 명령하시지는 않으셨을 것이다〉(속편 27장)란 말을 가슴에 새기면서 말이지요.

현명한 사람은 어리석은 사람과 같은 방식으로 살지 않습니다. 돈키호테가 말합니다. 〈자네는 한 번 당한 모욕을 도무지 잊을 줄 모르는군. 귀족적이고 관대한 마음을 가진 사람은 그런 유치한 일에 신경을 쓰지 않는다는 것을 알게나.〉(전편 21장)

세상에 나를 힘들게 하는 어떤 존재라도 그 존재 의미가 있다고 생각하며 측은하게 여기면 삶이 한결 수월해집니다. 관대한 마음을 키우는 동인이 될 수 있다고 생각하면 오히려 감사한 마음이 일기도 합니다. 인생에서 역경을 제하면 그것은 인생이 아니듯 말이지요. 현명한 사람은 적으로부터 배웁니다. 그리고 진정한 복수는 사랑이라 합니다.

삶은 감동입니다

의사의 소견으로 우울증과 무미건조한 삶이
그의 목숨을 끝내고 있다고 했다.(속편
74장)

어느 날 증오가 세상에 있는 모든 부정적인 것들을 회의
에 소환했습니다. 개회식사에서 모임의 목적이 사랑을 죽
이는 데 힘을 모으는 데 있다고 외쳤습니다. 미움, 이간질,
고약한 성격, 허욕, 질투, 시기, 냉소, 이기주의, 무관심, 병,
음해 등, 인간 세상에 있는 온갖 흉한 것들이 그 목적을 위
해 팔을 걷어붙였습니다. 그러나 어느 하나 사랑을 이길
수 없었습니다. 그때 누군가가 나와 말했습니다. 〈내가 사
랑을 죽이겠노라.〉 그리고 죽였습니다. 바로 무기력하고
건조한 삶이었습니다.

아르헨티나 정신과 의사이자 정신요법 전문 의사인 호
르헤 부카이는 『성찰을 위한 이야기』에서 삶의 진실을 찾
는 자를 통해 이런 이야기를 들려주고 있습니다.

어느 날 삶의 진리를 찾는 자가 길을 나섰습니다. 이틀 동안 먼지 나는 길을 헤매다 앞쪽으로 동산 하나를 발견합니다. 높다란 푸른 나무들이 울타리를 둘러싸고 있었고, 울타리 안으로는 새들과 꽃들과 무성한 나무들이 어우러져 아주 매혹적인 분위기를 자아내고 있는 곳이었습니다. 입구에 있는 문은 청동으로 되어 있었습니다. 그는 분위기에 이끌려 잠시 쉬어 가자는 생각에 문 안으로 들어섰습니다. 천천히 나무들 사이로 거닐기 시작했습니다. 나무 사이사이에는 하얀 돌들이 세워져 있었습니다. 나비가 꽃에 머물 듯 그 돌들 중 하나에 눈이 멈췄습니다. 거기에는 이름과 함께 이렇게 적혀 있었습니다. 〈8년 6개월 2주 3일을 살다.〉 순간 그는 그 흰 돌이 그냥 돌이 아니라 비석이라는 걸 알았습니다. 참으로 짧은 나이에 가버린 아이에 대한 생각으로 숙연해졌습니다. 옆을 돌아보니 또 다른 비석이 눈에 들어 왔습니다. 이번에는 이름과 함께 이렇게 적혀 있었습니다. 〈5년 8개월 3주를 살다.〉 그토록 아름다운 장소가 묘지였던 겁니다. 그는 비석을 하나하나 읽어 나갔습니다. 모두가 같은 양식으로 되어 있었습니다. 이름과 고인이 살았던 생의 시간. 더 놀랐던 사실은 11년 이상을 산 사람이 한 명도 없었다는 겁니다. 가슴이 저려 주저앉아 눈물을 흘리고 있는데, 마침 묘지기가 지나다 그 모습을 보고 다가왔습니다. 둘 간에 이런 대화가 오갑니다.

「가족분이 돌아가셨나요?」

「아니요.」

「이 마을에 도대체 무슨 일이 있었기에 이 많은 어린애들이 이곳에 묻혀 있단 말입니까? 어린아이들의 무덤이 조성될 정도로 무슨 저주가 내렸던 겁까?」

「진정하십시오. 저주라고는 없었습니다. 이 마을의 전통 때문이지요. 말씀을 드리자면 이렇습니다. 이 마을에는 아이가 열다섯 살이 되면 부모가 여기 제가 갖고 있는 것 같은 자그마한 노트를 한 권 줍니다. 그것을 목에 걸고 다니면서 행복하거나 즐거웠거나 감격적인 일이 있을 때마다 노트 왼편에는 무슨 일로 그러했는지를 적게 하고 오른쪽에는 그런 감정이 지속됐던 시간을 적게 하지요. 사랑하는 사람이 생겼으면 그 사랑의 열정이 얼마나 지속되었는지, 사랑으로 즐거웠던 시간이 얼마나 되는지를 말이죠. 첫 키스의 기쁨은 또 얼마나 갔는지, 첫애를 낳고 품에 안았을 때의 그 환희와 감동, 꿈에 그리던 여행에서 가졌던 행복은 얼마나 지속되었는지, 등등이지요.

이런 식으로 매 순간 우리가 즐겼고 행복했던 사건과 시간을 이 노트에 적어 나간답니다. 그러다 누군가가 죽으면 그 노트를 열어 거기에 적힌 시간들을 합산해서 그의 비석

에 새긴답니다. 우리 전통상 그 시간만이 진정으로 살아 있
는 유일한 삶이라 여기기 때문이지요.」

이렇게 보면 내 삶은 자연에 참 많은 빚을 지고 있습니
다. 고등학교 3학년 때 〈권타자〉라는 별명의 수학 선생님
이 계셨습니다. 학생들에게 문제를 풀게 할 경우, 분단 제
일 앞자리 학생을 지목하면 그 분단 끝에 앉은 애가 기절
했을 정도로 무섭고 과묵했던 분이었습니다. 그 선생님이
어느 날 종례 시간에 소리치셨답니다. 〈우리 학교에서 살
아 있는 애는 영옥이 하나뿐이다.〉

중학교 시절 미처 빠져 나오지 못한 책가방을 콩나물시
루 버스에서 끌어내 놓고 나면 등교 시간인데도 난 이미
파김치가 되어 있곤 했습니다. 누런 모래가 횡횡 날리는
학교 운동장을 가로지를 때면 내 영혼은 사막처럼 메말라
가는 듯했습니다. 가을 숲에서 밤을 줍고, 여름 냇가에서
송사리 잡느라 흙과 물을 누볐던 내가 중학 과정을 서울에
서 시작하면서 간절하게 원했던 것이 있었습니다. 고등학
교는 집에서 걸어갈 수 있는 거리에 있어야 하고, 산꼭대
기라도 좋으니 풀과 나무와 꽃이 있어야 한다고요.

무언가 온 마음을 다해 원하면 이루어진다고 했던가요.
대학 부설 고등학교라 멋진 대학 캠퍼스를 통과한 끝자락

에 있는 학교를 다니게 되었습니다. 등굣길 싱그러운 나무 위 어디에선가 종달새가 지저귀면 나는 따라 노래했습니다. 제비꽃과 꽃잔디가 무리 지어 피어나면 하늘에는 벚꽃잎이 난무했습니다. 하얗고 거대한 목련 꽃잎들이 뚝뚝 떨어질 때면 내 영혼은 울었습니다. 그 울음을 붉은 장미가 달래 주었습니다. 모든 것이 떠나가는 가을날, 시린 가슴 안아 줬던 국화들에겐 〈네가 없었더라면 어쩔 뻔 했니〉를 되뇌고 또 되뇌었지요. 차가운 비에 가을이 밀리면 붉은 단풍 길이 열렸고 곧이어 세상은 새하얗게 변했습니다. 미술과 체육 수업은 자연과 동무하는 시간이었습니다. 갖가지 색깔과 향내가 파도치는 교정에서 난 감동으로 거듭 탈피한 나비가 되었으니, 선생님의 눈은 정확하셨던 게지요.

당시 난 선생님의 그 말씀이 세상에 둘도 없는 찬사인지를 몰랐습니다. 살아온 날을 반추해 보니 그 심오한 의미가 새삼스럽습니다. 환경이 바뀌고 재미없는 제도와 건조한 틀의 노예가 된 순간부터 나는 감동이라는 단어를 잊어오고 있었습니다. 여행마저 자료 수집이라는 일이 되어 있더군요. 어른이라는 의무와 책임으로, 다람쥐 쳇바퀴 돌듯 살아온 그때부터 난 내가 아니었던 것 같습니다. 영원히 죽지 않을 것처럼 살아온 것 같았는데, 결국은 진정 살아 보지도 못한 채 죽어 가고 있는 나를 발견한 게지요.

제멋대로 피어나 당당하게 살고 있는 자연을 닮아야 할 것 같습니다. 세상 근심 없던 시절로 다시 돌아갈 수는 없어도 그때의 마음을 잊지 말아야 할 것 같습니다. 인간적인 운치를 주는 소소하지만 재미나고 소박한 삶을 찾다 보면 그런 삶이 보이겠지요. 더 이상 감동이 없는 세계에서 빠져나와 어린아이 마음으로 일하든 놀든 살 수 있게 말입니다. 〈나는 살았노라〉며 죽을 수 있도록 말이지요.

우정에 관하여

빈대가 친구에서 친구에게로.(속편 12장)

누구와 함께 다니는지를 말해 주면 네가 어
떤 사람인지 말해 주마.(속편 23장)

스페인에 〈개와 함께 잔 자는 벼룩과 함께 일어난다〉는
속담이 있습니다. 사람의 가치는 그 사람이 어떤 친구들을
두고 있는지를 보면 알 수가 있다는 말이지요. 우리는 완
벽한 존재가 아니다 보니 자주 만나는 사람들로부터 모르
는 사이 품행과 취향뿐만 아니라 사고와 인성까지 영향을
받습니다. 돈키호테는 말합니다. 〈네가 누구랑 태어났느냐
가 아니라, 누구와 함께 풀을 뜯느냐가 중요하노라.〉(속편
10장) 산초가 점점 영민해지는 건 그의 말마따나 지혜로
운 주인님을 항상 모시고 다녔기 때문입니다.

친구라고 부를 수 있는 사람들은 많습니다. 자기가 원해
서 고른 사람도 있지만 대부분 자기도 모르는 사이에 관계
를 맺은 경우가 더 많을 것입니다. 이 우연 중에 진정한 우

정을 나눌 수 있는 사람도 있겠지만, 그렇지 못한 경우가 더 많을 수 있습니다.

아리스토텔레스는 『니코마코스 윤리학』에서 우정은 〈인정〉이라는 인간을 향한 따뜻한 마음과 〈유용함〉과 〈즐거움〉으로 이루어진다고 합니다. 하지만 〈인정〉 위에 선 우정만이 진정한 것이며 영원하다고 합니다. 친구가 잘 살고 훌륭한 일을 하기를 바라고 그와 함께하는 것이 즐겁고 기쁨과 슬픔을 함께 나눌 수 있는 것을 말합니다. 이런 친구는 우리가 역경에 처했을 때 안식처를 마련해 줄 귀한 인연입니다. 반면 어떠한 이익이나 열락을 추구하기 위해 맺어진 우정은 그 목적이 사라지면 무너지게 되어 있습니다. 물질적인 욕망이라는 외적 요인이 아니라 명예로움과 정결함과 청렴함이라는 인간의 내적 가치로 맺은 우정이 진정하다는 게지요.

키케로는 『우정에 관하여』에서 또 이렇게 말합니다. 우정의 첫째 원칙은 친구에게 정결하지 못한 일을 요구하지 말아야 하며, 친구를 위한다는 구실로 명예롭지 않은 일을 해서는 안 된다고 말이죠. 진정한 친구 사이에서는 단 소리보다 쓴소리가 있어야 한답니다. 친구의 잠들어 있는 능력을 깨우고 정신적인 성숙을 도와주는 비평을 쓴소리라 합니다. 친구를 진심으로 사랑하는 사람은 친구가 더 발전할 수 있도록 맞설 수 있는 용기가 있어야 한다는 말과 통합니다. 갈등이 없는 우정은 진정한 우정이 아니니까요. 함께 시련을 거치지 않은 우정은 참된 우정이 아니니까요.

사회에 첫발을 내디딜 때 아버지가 해주신 말씀이 있습니다. 〈어떤 경우에서라도 네 편이 되어 줄 사람을 꼭 둬라. 살다 보면 생각지도 않은 역풍에 시달릴 때도 있고, 명예를 손상할 만한 악평에 내돌릴 때도 있다. 혼자서 그 역경을 견뎌 내야 할 때 네 편이 될 수 있는 친구를 둬 나누어 가질 수 있도록 해라. 그런 친구를 두기 위해 네가 먼저 진심을 다해라.〉

돈키호테는 말합니다. 〈친구의 명예와 목숨을 위한 일이라면 하느님에 대한 의무도 나 몰라라 할 수 있다〉(전편 33장)고 말이지요. 친구의 명예와 목숨은 하느님에 대한 의무보다 더 중요하다고 하니 돈키호테의 말처럼 우정이 거짓의 옷을 입으면 진실한 마음은 파괴되고 세상은 불협화음 속 싸움터가 되고도 남을 것입니다.

40년 만에 중학교 친구를 찾았습니다. 미술을 좋아했던 그 친구에 대한 기억을 더듬어 무모한 도전 끝에 만났습니다. 택시로 기본요금 나오는 거리에 살고 있었다니, 삶의 역습에 헛웃음이 나왔습니다. 많은 시간이 흘렀어도 내 중학 시절의 삶이 친구에게 있었습니다.

당시 내 친구의 집은 학교 후문에서 엎어지면 코 닿는 거리에 있었습니다. 난 친구가 당번 일을 끝낼 때까지 기다렸고 친구는 정문으로 돌아서 갔습니다. 계단 난간을 미끄럼틀 삼아 내려오다 엉덩방아를 찧었습니다. 까르륵대느라 아픈 줄도 몰랐습니다. 실내화 차림으로 운동장을 돌다 규율부 선생님한테 걸렸지요. 교무실 청소 벌이 내려졌지만, 내 친구에게 대걸레 손잡이는 마이크였고, 몸통은 기타였습니다. 밤늦도록 교실에서 우정 문집도 만들었습니다. 나는 글을 담고 친구는 그림으로 꾸몄습니다. 이런 일들을 함께 추억하다 보니 떠나 있던 고향에 돌아온 듯했습니다. 릴케가 노래합니다. 〈내게 고향이 있다면 친구들의 가슴속이다.〉 마음의 고향이 친구입니다. 추억을 잔인하게 삼켜 버리는 세월과 개발로 잃어 가는 물리적 고향을 대신해 주는 막강한 힘입니다.

사랑에 관하여

알돈사 로렌소라는 그 착한 여자가 아름답고
정숙한 여자라고 생각하고 그렇게 믿으면 되
는 거라네. 가문 따위는 중요하지 않아. (……)
나는 아름다움에 있어서나 고귀함에 있어서
내가 원하는 그대로 그녀를 상상해 본다
네.(전편 25장)

신이 선물로 준 자연 중에 으뜸은 꽃이라고 봅니다. 오
묘하며 매력적인 모양과 다양한 빛깔, 향기로움에서 꽃말
로 품고 있는 사연과 추억까지, 참으로 삶을 풍성하고 아
름답게 해주는 존재입니다. 꽃을 보고 있으면 생에 대한
욕망도 일어납니다. 저 고운 것을 더 볼 수 있어야지, 하고
말입니다. 삶도 배웁니다. 짧은 생이지만 한껏 피었다가
미련 없이 자연에 순응하는 모습에서 말이지요. 집 곳곳에
꽃이 있습니다. 그런데 인간이 이 꽃보다 더 아름답다고 한
가수가 노래합니다. 이유를 들어 보니 〈사랑〉 때문입니다.

사랑을 말하지 않은 종교는 없습니다. 기독교에서는 민
음과 소망과 사랑, 그중에 제일은 사랑이라 하니 종교는
믿음이 아니라 사랑인가 봅니다. 프랑스 사상가 시몬 베유

는 세상에 유일하게 신이 창조한 게 있다면 사랑과 사랑을 위한 방법들뿐이라고 합니다. 문학과 예술이 사랑 때문에 엄청 풍요로워졌습니다. 스페인 문인 로페 데 베가는 〈잃어버린 시간에 화가 난다면 / 나는 서두를 거야 / 사랑하는 한 시간이 / 속이면서 보낸 몇 년을 이기도록 말이다〉라고 합니다. 마크 트웨인은 자기 삶을 돌아보며 이런 말을 남겼습니다. 〈인생은 너무 짧아 싸우고, 언짢아하고 책임이나 따지고 할 시간이 없다. 오직 사랑할 시간, 순간들밖에 없더라.〉 인간에게 사랑이란 게 없다면 세상은 지금처럼 멋지지 못했을 것입니다. 우리의 삶은 또 얼마나 메말랐겠습니까. 지칠 줄 모르는 행복 추구자인 스탕달은 말년에 〈수많은 세월과 사건이 흐른 뒤에도 나에게 기억되는 것은 사랑했던 여인의 미소〉라고 술회했습니다.

그런데 난 사랑에 대해 잘 모르겠습니다. 사랑에 빠졌을 때 나타나는 현상은 의학적으로 잘 설명됩니다. 신경 전달 물질인 도파민과 발음도 어려운 노르에피네프린이 활성화되기 때문이랍니다. 그래서 기쁨과 행복감을 느낀답니다. 뇌 중심부에 있는 미상핵이 활성화되어 의욕적으로도 된답니다. 동시에 두려움을 덜 느끼는 힘이 생긴답니다. 돈키호테가 모험에 임할 때마다 둘시네아 공주를 이름으로 불러냈던 이유가 바로 여기 있었던 거군요. 세상에 사랑이란 감정 한번 가져 보지 못한 사람은 없을 테지요. 다들 행복하고 희열을 느꼈을 것입니다. 아무 말 없어도 그저 몇 시간이고 같이 있고 싶고, 안 보면 그립고, 살펴 주고 싶고, 늙어 가는 걸 보고 싶어지는 게지요. 마음이 풍요로워지고 다른 사람들에게 너그럽게도 되지요. 행복 바이러스 때문이랍니다.

그런데 이 나이 들어 내가 사랑에 대해 잘 모른다고 생각하게 된 건 얼마 되지 않습니다. 사랑은 이성의 한계를 넘어선다고 생각한 계기가 있었습니다.

앞선 환자의 수술이 끝나기를 기다리는 시간은 지옥이었습니다. 전날 수술 방법과 수술 중 일어날 수 있는 위험에 대한 설명을 들으며 그냥 아버지를 퇴원시켜야 한다는 생각이 가슴을 때렸던 뒤라 더했습니다. 간 50퍼센트와 담낭까지 절제해야 하고, 고령이라 마취에서 깨어나지 못할 수도 있다는 설명 앞에 수술 동의서에 사인을 할 엄두가 나지 않았습니다. 밤새 단 1분의 잠도 오지 않았습니다.

부모님이 건강하셨을 때 아버지는 어머니를, 어머니는 아버지를 이해 못 하셨습니다. 매일 시집살이에 대한 원망만 늘어놓는 어머니가 아버지는 아주 못마땅하셨습니다. 아버지의 성격이 어머니는 늘 불만이셨습니다.

수술 당일, 난생처음으로 아버지의 눈물을 보았습니다.

〈내가 잘못되면 네 엄마 어떡하니. 내 대신 엄마가 일어났으면……〉 어머니는 아버지 퇴원이 늦어지자 혼자 힘으로는 앉지도 못하는데 병원에 가봐야 한다고 마른 장작개비 같은 몸을 버둥대셨습니다. 그 힘은 초인적이었습니다.

삶의 마지막 순간, 죽음을 앞에 둔 사람은 건강한 사람들이 보지 못하는 사물의 참된 모습을 분명하게 보는 듯합니다. 세상의 헛된 가치가 아닌 오직 삶의 진실만을 보게 되는 것 같습니다. 빈부나 귀천, 외모 등 그 모든 것을 떠나 상대를 어떤 것과도 비교될 수 없는 것으로 여기게 되는 거 말입니다. 이럴 때 대부분의 사람들이 〈왜 더 사랑하지 않았나〉 하고 후회한답니다.

궁극적으로 사랑을 책임의 윤리라고도 합니다. 도덕적으로 다른 사람을 책임지는 거 말이지요. 전 생애를 두고 이 문제에 회의적으로 집착했던 작가가 있습니다. 도스토옙스키입니다. 〈어떻게 우리가 다른 모든 사람을 책임질 수 있겠는가?〉라는 그의 질문에 러시아 최고의 비평가인 비사리온 그리고레비치 벨린스키는 답합니다. 〈단 한 사람으로 시작하라. 네게서 가장 가까운 사람, 네가 가장 최근에 만난 남자, 여자의 손을 사랑하는 마음으로 잡아 보아라. 그의 눈에서 전 인류에게 필요한 모든 것, 모든 희망과 모든 사랑이 반영되어 나타남을 보게 될 것이다.〉 조화로운 세상을 이룰 우주적인 힘이 사랑이라는 게지요. 멕시코 작가 카를로스 푸엔테스는 이 말을 거듭니다. 타인에게 호기심이 아니라 관심으로 다가가는 것이 사랑이고, 그리고 영원히 사랑한다면 영원성을 가지는 일이니 인간이 신성으로 다가갈 수 있는 방법이다, 라고 말이지요.

스페인어로 사랑은 〈아모르amor〉입니다. 〈사랑하다〉라는 동사는 〈아마르amar〉입니다. 이 아름다운 두 단어에 각 형태소를 제하고 남는 것이 〈암am〉인데, 이는 상대에게 내모든 것을 준다, 라는 의미입니다. 무엇을 줘도 아깝지 않고 내 운명이 그의 운명이 되어도 좋다는 것이지요.

마음으로 보는 법

> 우리의 모험가에게는 이 객줏집이 네 개의
> 탑과 은빛 찬란한 첨탑, 그리고 위로 여닫는
> 다리와 성 둘레로 깊게 판 해자가 있으며 그
> 밖에 책에 묘사된 요소들을 모두 갖춘 성으
> 로 보였다. (……) 그 여자들이(창녀들이) 성
> 문 앞에서 노니는 아름다운 규수나 품위 있
> 는 귀부인으로 보였다.(전편 2장)

아파트가 낡았는데도 전세가가 12억이나 되는 데로 이
사를 간답니다. 굳이 왜 그렇게 하느냐고 물으니 그 동네
살아야지 아이가 모 회장 손자, 모 정치가 손자와 같이 어
울릴 수 있다 합니다. 모 중학교에 들어간 아이 엄마를 엄
청 부러워하기에 그 이유를 물으니, 그 학교에는 우리나라
정재계 실세 자녀들이 다 다닌다 합니다. 소위 〈권력 실세〉
라는 게지요. 돈 있고, 권력 있는 사람들의 자제들과 함께
다녀 좋은 게 뭔데요? 하고 다시 물으니, 좋은 인맥이 나중
에 도움이 된답니다. 무슨 도움이요? 하고 또 물으니 어려
울 때 〈빽〉 있어서 나쁠 게 없잖습니까, 라고 합니다. 아이
의 부모는 그런 부모의 생각을 보고 자랄 아이가 받을 상

처는 생각지도 않는 것 같습니다.

그런데 자기의 이익을 위해 만든 인맥이 정말 〈좋은〉 연줄이 되어 줄까요? 그렇게 만든 〈백〉이 정말 〈진정한〉 백이 되어 줄까요? 정의롭지 않은 사회에서는 그럴 수 있으니, 간접적으로 불의를 조장하는 법을 아이에게 가르치고 있는 것과 다름없어 보입니다.

1970년대 초 내 중학교 친구의 집은 상계동에 있었습니다. 슬레이트 지붕 아래 부엌과 두 개의 방이 있었지요. 방 하나는 부모님 공간, 다른 하나는 천으로 나눠 한 곳은 남동생, 다른 한 곳은 여동생과 친구의 공간이었습니다. 아버지는 상이용사였는데, 국가 보상금을 사기당하고 어머니가 노점에서 생선 장사로 생계를 책임지고 있었습니다.

내 친구는 자기 공간을 동생에게 내주고 우리 집에서 지내곤 했습니다. 밥을 먹을 때면 미안한 마음에 닭 모이 쪼듯 하는 걸 보며 친구 입에 내 밥숟가락을 들이밀곤 했습니다. 친구 어머니는 엄마에게 감사하다며, 그 가족 하루 반찬이 되고도 남을 생선 두 마리를 신문지에 싸서 가져오셨습니다. 내미시는 손에는 생선 가시에 찔려 고름으로 부은 손가락이 풍선 마냥 달려 있었습니다.

상고로 진학한 친구는 졸업과 동시에 직장을 잡았습니다. 긴 시간이 흘렀으나 〈고마웠다〉며 첫 월급으로 한턱냈습니다. 햄버그스테이크로 점심을 사주고 영화도 보여 주었습니다. 〈나를 잊지 말라〉란 꽃말의 「물망초」였습니다.

도시락 반찬으로 번데기 무침을 사오는 중학교 친구가 있었습니다. 내 멸치 반찬을 무척 좋아해서 내주고 나면 난 먹을 게 없어 그 반찬을 먹어야 했는데, 그 덕분에 난 번데기의 고소한 맛을 알게 되었습니다. 어떤 기념일도 아닌데 자기 집으로 나를 초대했습니다. 들고 들어온 양은 밥상 위에는 자기가 끓였다는 된장찌개와 또 고춧가루로 버무린 번데기가 놓여 있었습니다. 부모님이 번데기 장사를 하셔서 팔고 남은 것을 반찬으로 하느라 늘 번데기와 살아야 했는데, 내 멸치 반찬이 자기에게는 성찬이었답니다. 그래서 뭔가 고마움을 표하고 싶었으나, 줄 게 역시 번데기밖에 없다고 미안해하는 그 여린 친구의 마음은 아직도 내 눈물샘을 자극합니다.

한참을 올라도 또 올라가야 할 계단이 있던 산동네에 살던 친구 집에 간 날은 늘 배가 산만 해져 돌아오곤 했습니다. 뭐든 많이 먹여 보내려고 쉴 새 없이 부엌을 들락거렸던 친구에게서 엄마의 마음을 읽었습니다. 친구가 만든 떡볶이는 아직도 내겐 세상에서 제일 맛있는 요리입니다.

이 친구들은 내게 돈이나 권력이나 배경이나 연줄로도 살 수 없는 것들을 주었습니다. 〈세상에 보탬이 되는 삶이 되게 해달라〉는 기도로 살게 해주었거든요. 주어지는 것 그 이상은 바라지 않는 마음으로 살도록 응원해 주었거든요. 힘 자랑 돈 자랑 하는 사람들을 불편하게 느끼게 된 것도 그 친구들 때문인지 모릅니다. 세상의 욕망에 덧칠된 시선이 아니라, 계산 없는 마음으로 살피는 친구가 더 많은 것 역시 그 친구들 덕분입니다.

우리는 보통 눈과 머리로 사람을 봅니다. 어떤 차를 끌고, 어느 동네 살며, 어떤 대학을 나왔고, 부모는 누구며, 어떤 직위를 가졌는지 등등, 모두가 내 이익과 연관 지어 계산하며 삽니다. 이런 식으로 사람을 대하면 대상의 본질을 놓치기 쉽습니다. 눈과 이성이 가르쳐 주는 것에는 한계가 있기 때문입니다. 영원한 믿음을 줄 수 있는 것들이 아니거든요. 인간이라면 지녀야 할 가치들인 우정이니 사랑이니 신의와 같은 것들의 소중함을 가리거든요. 이 고귀한 가치들을 모르고 산다니 얼마나 불행한 일인가요!

진정한 맹인은 마음의 눈이 먼 사람입니다. 어른이 되어 가며 들러붙은 세상의 때를 벗겨 내고 어린 시절의 순수한 영혼으로 돌아가 세상을 보는 것, 외형이 덮고 있는 바탕을 보는 것, 이것이 바로 마음으로 보는 법이지요. 아름다움은 그것을 지닌 사람에게 속해 있는 것만이 아니라 그것을 보는 사람에게 달려 있는 것이기도 하니 말이지요.

묘비명

그 용기가 하늘을 찌른 / 강인한 이달고 이곳
에 잠드노라. / 죽음이 죽음으로도 / 그의 목
숨을 이기지 못했음을 / 깨닫노라. / 그는 온
세상을 하찮게 여겼으니, / 세상은 그가 무서
워 / 떨었노라. 그런 시절 그의 운명은 / 그가
미쳐 살다가 / 정신 들어 죽었음을 보증하노
라.(속편 74장, 돈키호테의 묘비명)

나이가 나이인지라 지인들의 부모님 부고 연락을 많이
받습니다. 관혼상제는 반드시 챙기라는 부모님의 말씀을
받들고자 우리나라에 있는 한, 천재지변이 없는 한 소식
듣는 대로 함께하려고 노력합니다. 즐거움은 나누면 배가
되고 슬픔은 나누면 반이 된다는 좋은 말이 있어서도 그렇
습니다. 영전에 국화를 바치고 묵도를 할 때면, 그저 고인
의 명복을 비는 것으로 아쉬울 때가 있습니다. 저분에 대
해 아는 게 하나도 없구나, 하는 마음이 들어서지요. 장례
란 살아 있는 사람의 마음을 위한 것이 아니라 고인에 대
한 사모하는 마음을 극진히 나타내야 하는 예식이라고 해
서 말입니다. 마치고 나오면 상제에게 고인이 어떤 분이셨

느지가 아니라 돌아가신 이유를 묻습니다. 순간 궁금해졌습니다. 왜 이유를 물을까? 이러한 순간에서조차 호기심이 발동하는 건가, 아니면 달리 할 말이 없어서인가?

시부모님은 시조부님 기일이면 그분들을 추모하기 위해 가족을 한자리에 모으십니다. 10년을 외국 생활로 제한다면 사반세기 동안 늘 같은 추모사를 듣고 오는 셈입니다. 그런데 매년 들을 때마다 새롭습니다. 처음 듣는 것 같고, 늘 마음이 시립니다. 시조부님은 풍류를 즐길 줄 알았던 호인이셨던 것 같습니다. 창을 잘 하셨고 당신 일보다 남의 일 챙기기가 먼저셨던 것 같습니다. 가마니 짠 것을 당일 내다 팔아야 한다는 이웃의 청을 물리치지 못해 배에 싣고 가다 폭풍우에 배가 뒤집혔습니다. 배에는 시조모님의 남동생도 있었습니다. 그때까지 호미로 밭 가는 일밖에 모르시던 시조모님은 어린 삼 남매와 홀로 남으셨습니다.

시아버님은 시어머님의 엄청난 지청구에도 불구하고 종을 모으십니다. 종 박물관을 열어도 될 정도로 많습니다. 시조모님이 새벽 종소리에 자식들을 깨워 교회로 데리고 가셨답니다. 교육장까지 지내신 시아버님은 당신 때문에 두 동생이 제대로 공부를 하지 못했노라고 죄인 같은 마음으로 사십니다.

시조부님의 묘에 갑니다. 시멘트로 뒤덮인 도시를 떠나

꽃과 나무가 자라고 무심한 듯 구름이 쉬고 있는 시골로 뵈러 갑니다. 봉분 주위로 민들레가 다시 고개를 내밀고, 잡초는 또 뽑아 버릴 거냐며 부추처럼 빳빳하게 목을 치켜세우고 있습니다. 수없이 제거했는데도 어디든 뿌리나 씨를 내려 다시 자라는 그들을 보니 질긴 생명력에 눈물이 날 정도입니다. 다시 뽑아 낼 생각 대신 저렇게 하찮은 것도 존재를 과시하고 있으니 제대로 살아야겠다는 마음을 배우느라 한참을 바라봅니다.

묘비로 눈을 돌리니 이름 석 자가 전부입니다. 이름으로 사신 분들이 아닌데도 말입니다. 살아생전 부와 권력을 누렸던 분의 묘에도 가봅니다. 간혹 병원이나 대학에 건물을 기부한 분들의 이름이 입구에 새겨져 있습니다. 그 묘를 조성하는 데 일조한 가족들의 이름이 길게 들어가 있고, 고인의 가문과 생전 직위가 나열되어 있습니다. 글은 많은데 어떤 분이셨는지는 전혀 알 수가 없습니다.

유명했던 사람도 세월 가면 이름, 직위 다 잊힙니다. 그러니 묘비에 살아생전 고인의 삶을 함축적으로 보여 주는 구절이 새겨진다면 뜻깊은 죽음이 될 것 같습니다. 삶의 의미가 달라지고, 죽음에서 삶을 배워 삶의 질이 달라질 것 같습니다. 단 몇 글자로 후손들에게 큰 가르침이 될 테니 말입니다. 육체는 썩고 분해되어 태어난 흙으로 돌아가지만 묘석에 새겨진 단 몇 마디로 또 다른 생명이 아름답고 귀하게 클 수 있는 양분이 될 수 있을 것 같아서 말입니다. 돈키호테도 〈죽음이란 가장 나쁜 불행이지만 훌륭한 죽음이라면 죽는 것이야말로 무엇보다 최고의 것이 된다〉(속편 24장)고 합니다. 훌륭한 삶이 훌륭한 죽음을, 훌륭한 죽음이 훌륭한 삶을 만듭니다. 시조부님 묘비는 〈촛불처럼 살았습니다〉, 시조모님의 묘비는 〈하나님에게 감사합니다〉라 적으면 어떨지 시아버님께 여쭤 봐야겠습니다.

난 내 장례식에 나를 사랑했고 내가 사랑한 사람들이 와 줬으면 하는 바람이 있습니다. 금전적, 시간적인 부담을 안고 오는 사람은 없었으면 좋겠다는 말이지요. 무엇보다 그들을 마지막으로 보고 가고 싶어서 말이지요. 아무리 바빠도 와주겠지요. 와서는 나의 무지나 실수로 인해 상처를 입었거나 서러움이나 소외가 있다면 죄다 토해 놓고 가벼운 마음으로 돌아가면 좋겠습니다. 욕이라도 실컷 퍼붓고 즐거운 마음으로 돌아갔으면 합니다. 미움은 사랑의 또 다른 말이니까요.

〈욕을 퍼붓는 자가 보이니 / 용서가 가까이 있음이라.〉(속편 70장) 내 아이가 내 묘비에 뭐라고 새길지 궁금해집니다.

죽음에 관하여

나리께서 훨씬 더 잘 알고 계시듯이 우리는 모두 죽게 되어 있습니다요. 오늘은 살아 있어도 내일은 없고, 새끼 양도 어미 양처럼 그렇게 빨리 가버리지요. 그리고 어느 누구도 하느님께서 주시기를 원하는 시간보다 더 많은 시간 동안 목숨을 기약할 수 없습니다요.(속편 7장)

이 세상에 살면서 인간이 저지를 수 있는 최고의 미친 짓은 생각 없이 그냥 죽어 버리는 겁니다요.(속편 74장)

세상은 유와 무의 상호 의존 관계 속에서 움직입니다. 태어났으니 죽어야 합니다. 삶과의 관계 속에 죽음이 있는 게지요. 그러니 어떻게 사느냐가 죽음의 질을 결정하게 됩니다. 젊은 때를 어떻게 보내느냐에 따라 노년기의 삶이 달라진다는 게지요. 젊은 시절 열심히 찾고 구한 사람은 풍성한 늙음을 누릴 수 있겠습니다.

내 스페인 친구의 집은 마드리드 치낀꺼라 거리에 있습니다. 집 거실 창문으로 공동묘지가 훤히 내려다보입니다.

볼 때마다 생각했습니다. 참 예쁘다. 죽음이 저렇게 예쁜데, 삶은 더 예뻐야 하지 않을까, 하고 말이죠. 공동묘지에 대한 우리네 정서로 상상하기 어렵겠지만, 유럽을 여행하다 보면 죽음이 삶과 아주 친하게 어울려 지냅니다. 사람들이 쉽게 찾을 수 있는 거리에 성당이 있고 성당의 뒷마당이나 지하는 그 자체로 거대한 무덤입니다. 그곳에 서면 두렵다기보다 뭔지 모를 신비가 느껴지고 죽음과 삶이 별반 다르지 않고 상호보완하고 있다는 생각이 강렬하게 듭니다. 집을 청소하듯 관을 닦으러 오는 사람이 있고, 수시로 꽃을 갈아 줍니다. 꽃은 시들기에 아름답듯이 죽음이 있기에 삶이 고귀하다는 생각을 해봅니다.

스페인과 중남미에서는 11월 1일을 〈죽은 자들의 날〉로 지정하여, 공동묘지에서 온 가족이 먹고 노는 축제를 벌입니다. 이렇게 죽음을 우리 곁에 계속되는 생명으로 여기게 하는 건 영혼의 존재를 믿게 하여 죽음을 부정적으로 생각하지 않도록 하기 위함일 것입니다. 아니면 삶의 귀중한 순간들을 좀 더 진하게 자각하며 살도록 하기 위해서일지도 모릅니다. 죽음을 실감하면서 생의 의미를 발견하라는 뜻에서 말입니다.

사람은 태어나는 순간 죽음의 길에 들어섭니다. 삶이란, 바다라는 죽음의 종착역에 닿을 때까지 흘러가는 강물이

지요. 흘러가면서 우리는 이별이라는 작은 죽음들과 함께
합니다. 아동기에 들면 유아기와 이별하고, 청소년기에 들
면 아동기와 이별하지요. 이런 이별은 마흔을 넘기면서 아
프게 다가옵니다. 건장했던 육체와 지칠 줄 몰랐던 에너지
와 빛나던 지력이 사위어 가는 것을 느끼기 시작합니다.
머리가 점점 더 눈으로 덮입니다. 아름다웠던 외모와 이별
합니다. 지위와도 이별합니다. 사회적으로도 이별을 시작
합니다. 떠나는 이들이 늘어납니다. 소외와 고독을 친구로
삼는 연습이 필요해집니다. 젊은이들은 이 같은 상실을 견
뎌 낼 능력이 없습니다.

나이가 들면서 눈이 어두워지고 체력이 쇠하는 건 인격
완성을 위한 성찰의 삶을 가지라는 의미라고 합니다. 그래
서 노인은 대접 받아야 하는 것 같습니다. 존경해야 되는
것 같습니다. 정신적으로 완숙의 경지에 이르며 인간으로
완성되어 가기에 그렇습니다. 연속되는 작은 죽음으로 새
로운 〈내〉가 탄생해 가기 때문에 그렇습니다. 쇠락한 인간
으로 죽음으로 내몰리는 것이 아니라 완성된 인간으로 죽
음에 다가가기 때문이라서 그렇습니다.

스페인 15세기 시인인 호르헤 만리케는 「아버지 죽음에
부치는 시」를 이렇게 열고 있습니다.

잠든 영혼을 깨우고

뇌를 깨워, 보라.

삶이 어떻게 지나가고

어떻게 죽음이 소리 없이 오는지를.

세상의 열락은 얼마나 빨리 가버리고

가버린 뒤 오는 고통은 얼마나 큰지를.

그리고 어떤 일에서든

추억은 언제나 아름다운 것인지를.

지금 이 순간이 찰나로

가버리고

끝나 버린다는 것을

현명하게 헤아릴 줄 안다면,

지나간 것으로 오지 않은 것을 알 수 있을 터.

당신이 기다리는 것이

이미 당신이 본 것이 머물렀던 시간보다

더 오래 지속될 것이라고

착각하지 말라.

온 것은 똑같이

가게 되어 있으니

죽음은 언제든 예고 없이 찾아오는 것인지라 내가 살아

있다는 사실이 당연할 수 없습니다. 내게 주어진 것들이 모두 선물이라는 생각에 감사한 마음이 먼저 일어납니다. 일 년 뒤에 나의 죽음이 정해진다면 오늘 나는 무엇을 하게 될까요? 영원히 살 것처럼 욕심내며 했던 일들이 부질없어 보이지는 않을까요?

앞서 삶을 경험한 현자들이 삶을 양이 아니라 질로 살라고 일러 줍니다. 빨리 좀 더 진한 추억을 만들어야겠습니다. 특히 죽음이 슬픈 것은 사랑하는 이들과 함께할 수 없기 때문이니, 보고 싶은 사람들을 졸라서라도 만나야겠습니다. 마음을 행복하고 풍요롭게 해주는 책을 더 많이 읽어야겠습니다. 아직 에너지가 있을 때 여행을 더 많이 다녀야겠습니다. 착한 일 하나라도 더 할 수 있도록 해야겠습니다. 남에게 무엇을 줄 수 있을지 생각해 봐야겠습니다. 무엇보다 먼저 보기 싫어했던 사람에게 손을 내밀어야겠습니다. 떠날 때를 염두에 두고 살면 매사 소중하지 않은 일이 없고 뭣 하나 귀하지 않은 인연이 없을 거라는 생각이 듭니다. 그러니 진심으로 살아 있음에 감사하면 우선적으로 해야 할 일이 무엇인지 저절로 깨닫게 될 것 같습니다.

불멸에 관하여

명성을 얻고자 하는 인간의 욕망은 아주 강
렬하다는 것이야. (……) 이 명성이라는 것은,
결국 죽어야 하는 인간이라는 존재가 자신이
이루어 낸 위대한 업적에 합당한 상으로나
불멸의 몫으로서 원하는 것이지.(속편 8장)

플라톤의 대화편인 「파이돈」은 그의 스승인 소크라테스
의 사형 집행일이 그 배경입니다. 아테네 젊은이들을 타락
시켰다는 죄목으로 소크라테스가 사형을 선고받았지요.
실제 그가 한 일은 젊은이들과 철학적인 논의를 한 것뿐인
데도 독약을 마시고 죽어야 할 운명이 됩니다. 그런데 우
리의 상식과 달리 소크라테스는 무척 행복해합니다. 세상
을 떠나야 할 마지막 순간에 친구들과 영혼 불멸에 대해
유쾌하게 이야기를 나눕니다. 〈영혼의 불멸성을 믿을 만한
근거가 있는가〉를 두고 격렬한 토론까지 벌이지요.

소크라테스는 영혼의 불멸성을 믿고, 자기의 믿음에 반
신반의하는 제자들을 설득까지 합니다. 그래서 그는 자신
의 죽음 역시 흔쾌하고도 달갑게 받아들입니다. 현세에서

바르게 살았다면 사후 천국으로 갈 것이라는 믿음이 있었기 때문입니다. 죽음이란 욕망의 속박인 몸의 감옥으로부터 해방된 영혼이 영원한 존재의 세계로 들어가는 것인지라, 갈구했던 진정한 앎의 세계로 들어갈 수 있게 되었다고 믿기 때문이지요. 이렇게 소크라테스는 영혼으로 불멸하는 사후의 삶을 믿었고 그것이 〈지혜를 사랑하는〉 철학자의 궁극적인 삶이라고 생각했습니다.

반면, 삶의 목적이 〈불멸〉이었던 스페인의 20세기 문인이자 사상가 미겔 데 우나무노는 그와 반대로 철저한 물질주의자였습니다. 사람이 종교를 갖는 이유가 영혼으로라도 불멸한다는 종교적 교리로 위로받으려는 데 있다고 주장합니다. 죽어서 먼지나 연기처럼 자신의 존재가 완전히 〈무〉로 사라져 버린다는 사실이 두려워 기독교에 기대는 것이라는 게지요. 그는 〈살과 뼈〉로 보여 주지 않는 존재는 존재가 아니라고 합니다. 그러니 보여지지 않는 불멸은 불멸이 아닌 게지요.

그리하여 그는 우선 살아생전 이루어 내는 업적을 통한 영원한 삶을 주장합니다. 피카소가 「게르니카」로, 가우디가 「성가족 성당」으로, 베토벤이 「합창」으로, 세르반테스가 『돈키호테』로 지금 세인의 기억 속에서 살아가고 있듯이 말입니다. 살아생전 놀라운 업적을 이루려고 노력하는 이유가 불멸에 대한 욕망 때문이라는 게지요. 시기하고 질투하고 경쟁한다는 것 자체가 자신이 타인들의 기억으로 영속되고자 하는 갈망 때문이라고 합니다. 카인 역시 신의 기억에 자리 잡고 싶다는 욕망으로 동생을 살해까지 하게 되었다는 게지요. 자식을 낳는 것 역시 자신의 유전자 중 일부가 자식에게 전해지고, 자식의 다음 자식에게 이어져 자신 몸의 일부가 계속해서 남게 되는 불멸의 또 다른 방법이라고 합니다.

자신은 죽어도 계속해서 존재할 수 있을 정도의 의미 있는 업적을 일궈 내고자 하는 삶은 분명 가치 있을 것입니다. 삶을 좀 더 보람 있게 하고자 하는 노력의 일환이니 말입니다. 죽음이 어떤 것인지 경험한 자 없고, 사후 세계에 대해 역시 아는 자 없으며, 영혼의 존재에 대한 확신조차 서지 않는 상황에서 우리가 할 수 있는 일이란 무엇일까요? 살아 있을 때 뭔가 제대로 해보자는 게지요. 쇠똥 밭에 굴러도 이승의 삶이 좋다는 말도 있으니 말입니다. 죽으면 아무것도 아니라고 하니 말이지요. 돈키호테는 말합니다. 인간의 불멸에 대한 욕망은 참으로 강렬하다고요. 그래서 악까지도 저지르는 게 인간이라고 합니다. 그러면서 불멸할 수 있는 방법을 제시합니다.

널찍하고 탁 트인 악의 길은 죽음으로 끝나고, 좁고 험난한 덕의 길은 생명으로 끝나지. 언젠가는 끝날 생명이 아니라, 끝이 없는 생명으로 말이야.(속편 6장)

〈덕〉이라면 공자가 먼저 떠오릅니다. 논어 「이인(里仁)」에서 〈군자는 덕을 생각하고, 소인은 땅을 생각한다〉라고 하지요. 세상 욕망에 연연하면 소인인 것이고, 신과의 관계에서도 전혀 주눅 들지 않을 인간의 독립적인 자존감을 지탱해 주는 덕을 생각하면 군자가 된다는 게지요. 노자는 하늘의 뜻을 알 수 있을 정도로 순수하게 정제된 마음의 상태, 인간의 인격적 깊이를 〈덕〉이라 합니다. 〈순수하게 정제된 마음의 상태〉는 성리학에서 이야기하는 인간의 칠정(七情), 즉 기쁨, 화남, 슬픔, 두려움, 사랑, 혐오, 욕망, 이 일곱 가지에서 해방되는 것을 이야기하지요. 이때야 비로소 신의 뜻인 천명이 찾아온다고 합니다. 어찌 보면 돈키호테가 말하는 불멸과 덕은 플라톤이 말하는 이데아와 맞닿아 있는 것 같습니다. 소크라테스가 모든 현상 뒤에 감춰진 본질을 보기 위해 속세의 때인 육체를 벗어나는 죽음을 환영했던 이유, 이제야 이해가 됩니다.

한 알의 밀알

나는 물의 신 넵투누스도 아니고, 사리 분별
도 없으면서 사람들이 나를 사리 분별이 있
는 자로 여겨 주기를 바라지도 않네. 그저 편
력기사도가 길에서 행해지던 그 행복했던 시
대를 부활시키지 못하고 있는 실수를 세상이
깨닫도록 애쓰고 있을 뿐이지.(속편 1장)

돈키호테는 〈덕보다는 악습이, 용기보다 오만이, 실천보
다 이론이 승리를 이루는〉 시대에 한 알의 밀알이 되고자
합니다. 쉰이 다 된 나이에 무술이라고는 닦은 적이 없는
사람이 세상을 낙원으로 만들고자 자기 한 몸 불의에 맞서
려 합니다. 이런 사람이 우리 주변에 있다면, 돈키호테 친
구들처럼 그를 정신 이상자라고 생각할지 모릅니다. 〈그래
서 네가 얻는 게 뭔데?〉라고 비아냥거릴 수도 있습니다. 아
니면 〈그러는 목적이 따로 있지?〉라며 순수한 뜻을 왜곡하
려 들 것입니다. 〈야, 나라님도 못하는 걸 네가 해?〉라며 힐
난할지도 모릅니다. 〈네가 해봤자, 얼마나 할 수 있겠니?
세상은 호락호락하지가 않아〉라며 아예 처음부터 의욕을
꺾으려 들 것입니다.

돌팔매에 맞고, 우롱당하고, 짓밟혀도 돈키호테는 자신의 꿈을 믿었습니다. 냉혹한 현실의 벽 앞에 결국은 무너졌지만 그는 믿었습니다. 자기는 단지 시작일 뿐 언젠가 누군가가 자기와 함께할 것이라고 말입니다. 작은 일 없이는 큰일도 없다고 말입니다. 거대한 성벽이 돌 하나로부터 시작되듯, 한 사람으로부터 세상이 바뀐 이야기는 역사 속에 많으니 말이지요. 이들에 대한 이야기를 담은 책도 많이 나와 있으니, 한번 읽어 보기를 권합니다. 여기서 난 이름 없이 남겨진 한 사람에 대해 이야기하려 합니다.

한 남자가 도시에 있는 직장으로 매일 마을버스를 타고 출근하고 있었습니다. 한 정거장 지나 할머니 한 분이 같은 버스에 올라 창문 옆에 앉습니다. 할머니는 들고 있던 종이 봉투에서 뭔가를 꺼내 가는 내내 창밖으로 던집니다. 다음 날, 또 그다음 날도 같은 장면입니다. 남자는 궁금해서 물었습니다.

「할머니 뭘 그렇게 던지세요?」

「씨앗이라오, 젊은이.」

「무슨 씨앗이요?」

「꽃씨. 길이 너무 황량하지 않소? 주변이 메말라 보이는구려.」

「하지만 뿌리신 씨앗이 아스팔트 위에 떨어지면 자동차 바퀴에 짓이겨질 것이고, 새들도 쪼아 먹을 텐데요. 싹을 틔울 수 있는 게 몇 개나 될까요?」

「그래요, 젊은이. 씨앗들이 거의 다 제자리를 찾지 못할 거예요. 제대로 떨어지는 건 극히 적을 겁니다. 그것이나마 시간이 가면 싹을 틔우고, 싹이 나면 잎이 날 것이고, 잎이 나면 꽃도 피우겠지요.」

「그렇게 되기까지 시간이 많이 걸릴 텐데요. 물도 줘야 하고…….」

「그래요, 하지만 난 내가 할 수 있는 일을 하는 거예요. 비가 오는 날도 있잖겠습니까? 그러니 누군가 씨앗을 뿌리면 꽃은 필 거예요.」

그러더니 다시 창문 쪽으로 몸을 돌려 하던 일을 계속했습니다. 남자가 내려야 할 때가 됐습니다. 걸어가면서 그는 할머니 연세가 상당하다고 생각했습니다. 시간은 흘렀습니다. 남자는 계속 그 버스를 타고 직장을 다녔습니다. 어느 날 차창 밖이 환해졌다는 느낌이 들었습니다. 자세히 보니 길가에 꽃들이 피어 있었습니다. 많은 꽃들이 피어 풍경이 아름답고 길은 향기롭게 변해 있었습니다. 그때야 할머니 생각이 났습니다. 버스 안을 둘러보았습니다. 할머니 모습은 보이지 않았습니다. 혹시나 하여 운전사에게 물어보았습니다.

「아, 씨앗 뿌리던 할머니요? …… 한 달 전에 돌아가셨습니다.」

남자는 자기 자리로 돌아가 창밖 풍경을 바라보며 생각했습니다.

〈이렇게 꽃이 필거라 누가 상상이나 했을까? 하지만 이렇게 핀들 할머니에게 무슨 소용이래? 돌아가셔서 이 아름다움을 보실 수가 없잖은가.〉

그 순간 왁자지껄한 소리에 고개를 돌려 앞을 보니 여자아이들의 모란꽃 같은 얼굴이 눈에 들어왔습니다. 아이들의 목소리는 감동으로 출렁이고 있었습니다.

「어머나, 꽃들 좀 봐. 이 길에 이렇게 꽃들이 많을 줄이야. 너무 예쁘다. 저 꽃 이름이 뭐야?」

할머니는 그 자리에 없었으나 그분의 흔적으로 사람들은 감동하고 있었습니다. 남자는 다음 날 버스 창가에 앉아 종이 주머니에서 씨앗 한 주먹을 집어 창밖으로 던지기 시작했습니다. 삶은 이렇게 이어지는 것 같습니다.

3

세상과 싸워
이기는 법

준비된 자, 반은 이긴 겁니다. 내가 미리
준비한다고 해서 잃을 건 아무것도 없
지요. (속편 17장)

자기 자신을 포기해 버리고자 하는 것
보다 더한 미친 짓은 없다. (속편 59장)

겉모습에 속지 말기

눈에 보이는 것을 보되 믿지는 말게.(속편
14장)

깍두기 몸에 깍두기 머리 아저씨들이 어깨나 등에 새겨
놓은 글을 보신 적이 있으십니까? 난 영화에서 봤습니다.
영화라 해도 현실에 바탕을 둔 것이니 거짓은 아니겠지요.
〈착하게 살자〉였습니다. 자신의 존재를 알리기 위한 것이
지요. 선하게 살기 위한 다짐의 문구는 아니지요. 진정 착하
게 살 사람은 이렇게 남에게 드러내지를 않으니 말입니다.

덕이 깊은 사람은 요란스럽지가 않습니다. 자기 재능을
과시하지도 않습니다. 그래서 보이는 게 없습니다만, 그런
데도 사람을 감동시킵니다. 그런 사람이 보여 주는 여유가
물이 스며들듯 우리에게 스며듭니다. 그러다 보면 우리 마
음까지 여유로워집니다. 반면 속이 얕은 사람은 밖으로 치
장하느라 시끄럽습니다. 생색내기에 급급합니다. 상대방

을 피곤하게 하고 질리게 합니다. 멀리하고 싶습니다. 도
종환 님의 「깊은 물」이 생각납니다.

> 물이 깊어야 큰 배가 든다.
> 얕은 물에서는 술잔 하나 뜨지 못한다.
> 이 저녁 그대 가슴엔 종이배 하나라도 뜨는가.
> 돌아오는 길에도 시간의 물살에 쫓기는 그대는
> 얕은 물은 잔돌만 만나도 소란스러운데
> 큰물은 깊어서 소리가 없다.
> 그대 오늘은 또 얼마나 소리치며 흘러갔는가,
> 굽이 많은 이 세상의 시냇가 여울을.

　사람의 겉모습이 보이는 대로 그 사람의 실체라면 얼마
나 좋겠습니까. 난 사람을 잘 믿습니다. 곧이곧대로 믿습
니다. 달콤한 말에 조종당하고 물건인 양 도구로 이용됐음
을 뒤늦게 깨닫기도 합니다. 그럴 때도 상대가 사람의 가
치를 하찮게, 인간관계의 무게를 가벼이 여겨 그랬던 건
아닐 거라고 다친 마음을 다독입니다. 그러면서 진짜 모습
을 보지 못하고 너무 가볍게 믿음을 준 내 마음부터 나무
랍니다. 이런 일이 일어날 때마다 난 사람에게 일어날 수
있는 가장 슬픈 일은 믿고 의지했던 사람을 잃어버리는 일

같습니다. 우리는 왜 있는 그대로를 살지 못할까요? 있는 모습 그대로를 타인에게 보이면 안 될까요?

외형에 속지 않고 한눈에 사람을 알아본다는 건 일종의 기적과 같은 일이라 생각합니다. 열 길 물속은 알아도 한 길 사람 속은 모른다는 속담이 그래서 나왔겠지요. 현인들은 남에게 휘둘리지 않고 살아가려면 예리한 통찰력이 필요하다고 합니다. 통찰력이란 사물의 본질을 꿰뚫어 보는 능력을 말하지요. 살쾡이 같이 예리한 눈으로 상대의 생각과 마음을 정확하게 파악하는 능력입니다. 아무리 겹겹이 치장하고 숨긴들 태양 아래 정체를 밝히는 힘입니다. 지혜와 경험으로 얻을 수 있는 것입니다.

보기 좋은 떡이 먹기에도 좋다고 합니다. 하지만 난 집에서 어머니가 쪄주신 떡이 모양과 색깔은 별 볼일 없어도 훨씬 맛이 좋고 소화가 잘되었습니다. 이것저것 보태거나 꾸미지 않고 원재료에만 충실하게 만드셔서 그랬던 것 같습니다. 자기 자신에게 정직한 사람은 가식이 없습니다. 가식 없는 사람을 만나면 참 편합니다. 그 순수함에 저절로 녹아듭니다.

예를 다하면 다툼도 없습니다

용모를 깨끗하게 관리하라. 한 가지 말이라
도 땅을 파듯 땀을 흘리고 애를 써서 제대로
하라. 과식과 과음을 삼가고 트림하지 말
라. (속편 43장)

세상에서 가장 적게 노력하고 가장 많이 얻는 것이 예의
라는 생각이 있습니다. 공짜가 없는 세상에 이런 게 있나
싶지만, 정말 예의는 마법과 같습니다. 호박에 주문을 외
며 살짝 막대기 한 번 댈 뿐인데, 황금 마차로 변합니다. 재
투성이 신데렐라는 공주가 됩니다. 예의를 다하면 상대방
이 호박에서 황금 마차가 되고 당사자 역시 그렇게 될 수
있다는 얘기이지요.

살다 보면 의도치 않게 많은 실수를 저지릅니다. 공공장
소, 특히 버스나 전철에서 남의 발을 밟게 되는 작은 일에
서부터 오해로 인해서나 지혜롭지 못하여 저지르게 되는
큰일까지 이런저런 참 많은 실수를 하고 삽니다. 그렇게
되면 보통 〈죄송하다〉란 말을 하게 됩니다. 그런데 그 사과

가 진심으로 느껴지지 않는 경우가 많습니다. 순간을 모면하려는 말로 보여서 말이지요.

예에는 마음도 같이 가야 합니다. 마음이 가면 행동도 따라갑니다. 그것이 진정한 미안함입니다. 그리고 〈미안하다〉는 말을 너무 자주 하는 사람은 정말로 자기가 한 일에 마음이 편치 않고 부끄러워하는 건지 의심이 듭니다. 미안한 일을 저질렀으면 반성을 해야 하는데 반성을 하는 사람은 또다시 미안한 일을 반복하지 않거든요. 그러니까 마음이 없는 거짓 사과는 행동으로 이어지지 않으니 계속 똑같이 남에게 상처 주는 일을 하게 된다는 게지요. 보통의 사람이라면 이런 사람 옆에 가고 싶지 않을 것입니다. 반면 행동으로도 예의를 다하는 사람은 어디를 가도 환영받고 사랑을 받습니다. 사람의 마음을 끌어당기고, 실수를 해도 용서해 주게 되더군요. 무엇보다 진심 어린 사과를 하게 되면 내 자신이 제대로 된 사람이라는 자부심을 느낄 수 있을 것입니다.

이쪽에서는 예의를 다한 것 같은데, 상대방이 무례하다면 신경 쓰지 마십시오. 인격이 모자라는 사람이구나, 하고 잊으십시오. 그런데 한쪽에서 예의를 다할 때 불쾌하게 반응하는 사람 많지 않습니다.

얼마 전에 있었던 일입니다. 수영장에서 하는 수영은 레인을 따라 줄지어 갔다 왔다 합니다. 가끔 실력이 월등하여 앞 사람을 제쳐야 할 경우가 생기는 일도 있습니다. 자동차 차선을 바꾸듯 할 수는 없는 일이니 잠깐만 참으면 턴 지점에서 앞 사람과 자리를 바꾸면 됩니다. 그런데 앞지르려는 사람 때문에 다른 사람들이 피해를 보고 있었습니다. 나 역시 코와 입으로 물을 많이 먹었습니다. 더 이상은 안 될 거 같아 그분께 웃으며 말씀드렸습니다. 〈수영 실력이 대단하십니다. 그런데 저를 찍어 누르시면 배에 물이 차서 저는 가라앉습니다. 제 앞에 서서 하시지요.〉 이런 말에 〈그래요? 그럼 제가 앞에 서서 하죠. 저 따라오면서 배우세요〉라고 할 사람 많지 않을 거 같습니다. 상대의 체면을 살려 주면서 부드러운 말씨로 상황을 알리는 게 말의 예절인 것 같습니다. 무엇보다 상대의 마음에 적의를 일으키지 않도록 감정을 자극하지 않는 게 중요하겠지요.

감정이 말이 되면 사건의 본질은 사라지고 〈어린놈이? 주민증 까!〉 이렇게 되어 버리는 경우가 비일비재하니까요. 물론 사건 해결이 아니라 상대방 속을 긁는 게 목적이라면 성공한 게지요. 내가 말씀드린 그분은 〈아, 제가 수영에만 신경 쓰다 주변을 생각 못 했습니다. 죄송합니다〉 하며 옆 레인으로 가더군요. 남은 사람들 모두 기분 좋게 수영을 마쳤습니다. 작은 일에서조차 이렇게 예의는 질서와 조화를 찾아 줍니다.

말은 곧 그 사람의 인격입니다. 품위 있고 진심 어린 말 한마디가 그 사람의 정신적인 풍요로움과 여유를 말해 줍니다. 동작도 말을 합니다. 정중하고 우아한 행동은 당사자를 우러러보게 합니다. 외모의 아름다움은 겉치장이 아닌 몸에서 우러나오는 법이니 말이지요. 제대로 된 말과 절제된 행동은 상대의 마음을 감동시키니 결국 사회를 밝게 만들게 되겠지요.

머리로 알고 있는 예의범절이 몸에 배게 하려면, 혼자 있어도 혼자 있지 않은 것처럼 행동하면 된다고 합니다. 누군가가 나를 보고 있다는 마음으로 어디서든 조심하면 몸도 따라간다고 하더군요. 그게 바로 군자의 몸가짐이라고 성현들은 가르칩니다. 집에서 새지 않는 바가지 밖에서도 분명 새지 않는다고 말입니다.

썩은 사과

오, 시기심이여! 끝없는 악의 뿌리이자 덕을
좀먹는 벌레로다! 시기심이라는 악습은 불
쾌감과 원한과 분노만을 가져올 뿐이다.(속
편 8장)

아침 식전 빈속에 사과를 먹는 게 습관인지라 늘 집에
사과를 준비해 두고 있습니다. 어느 날 냉장고에서 사과를
담아 놓은 비닐 봉투를 꺼내니 어느 것 하나 제대로 된 게
없었습니다. 온통 병들어 있었습니다. 어떤 애는 손만 대
면 푹 꺼졌고 어떤 애는 곰팡이가 덕지덕지 붙어 있었고,
겉으로는 멀쩡해 보였는데, 자르고 보니 속이 시커먼 애도
있었습니다. 냉장고에 넣기 전 하나가 시원찮아 꺼내 버릴
까 말까 고민하다가, 곧 먹을 것이니 괜찮겠지, 하며 같이
넣어 놓았던 게 말썽을 일으킨 겁니다. 단 며칠 만에 몽땅
버리게 된 겁니다. 썩은 사과 하나가 나머지 사과들을 모
두 병들게 한 거지요.

집이든 회사 같은 조직에서든 사람이 모인 곳에는 꼭 이

썩은 사과처럼 구성원들을 모두 병들게 하는 사람이 있습니다. 이들은 자신에게 이익이 된다고 생각하는 사람에게는 밥 먹듯이 아첨을 부리고 그 사람과 볼일이 없어지면 헌신짝처럼 내버리기도 하지요. 권력자에게 잘 보이는 사람이 있으면 그들 사이를 멀어지게 하기 위해 이간질하는 데 조금의 가책도 느끼지 못합니다. 남이 잘되는 건 못 참으니, 결국 모든 사람의 마음에 미움의 씨를 뿌려 삶을 지옥의 장으로 만들어 버리는 아주 특별한 재주를 갖고 있는 게지요. 사람은 누군가에 대해 부정적인 선입견을 갖게 되면 그 자가 무슨 일을 해도 미워 보이는 법입니다. 사소한 일로도 사람을 쉽게 미워하는 게 사람이니 말입니다.

이런 사람들을 가만히 살펴보면 참 딱합니다. 자신감이 없어 열등의식과 피해의식의 포로가 되어 있습니다. 아무도 그를 깔보거나 피해 주지 않는데도 말입니다. 부족한 게 있다면 스스로 노력하여 얻고 메우면 될 터인데, 자기가 못 가진 거 남이 가지면 안 되고, 자기가 누리지 못하는 걸 남이 누려서는 안 된다는 생각에서 빠져 나오지를 못합니다. 시기심의 포로가 된 사람들, 처음에는 자신이 의도한 대로 일이 되어 가는 걸 느낄 겁니다. 사람들이 자기 말에 흥미를 가지고 관심을 보일 테니 말입니다. 사람은 누구나 호기심이 있어 특히 남 말에 귀를 쫑긋하게 되어 있으니 말이지요. 하지만 언젠가 정신을 차리고 보면 주위에 사람이 없다는 걸 알아차리게 될 것입니다.

분별 있는 사람이라면, 〈내 앞에서 다른 사람에 대해 험담하는 사람, 다른 사람에게 내 말 좋게 하지 않겠지? 이런 말을 하는 진의가 어디에 있지?〉라고 생각부터 해야 할 듯합니다. 무엇보다 시기하는 자의 말이 아니라 말의 당사자부터 살필 일입니다. 비방이나 피해의 대상이 된 사람이 평소에 어떤 인물이었는지, 정확히 무슨 일이 있었고 상황은 어땠는지 종합적으로 알아봐야 할 것입니다. 사람을 챙겨 제대로 볼 줄 아는 것도 인생을 살아가는 또 다른 지혜라고 생각합니다.

아첨꾼을 피하는 지혜

내 칭찬은 이제 그만하시지요. 본인은 어떤
종류의 것이든 아부를 무척 싫어하는 사람입
니다. (……) 순결한 내 귀를 모욕한답니
다.(전편 29장)

진실이 아첨의 옷을 입지 않았다면 이 세상
은 다른 세상이 되었을 것이다.(속편 2장)

우리말 사전은 〈아부〉를 〈이익을 얻거나 인정을 받기 위
해 다른 사람의 비위를 맞추어 알랑거리다〉로 되어 있습니
다. 스페인어 사전에는 이렇게 정의됩니다. 〈악의를 감추
고 이익을 얻고자 상대방을 치켜세우는 행위. 힘 있는 자
의 눈에 들면 얻을 게 있기 때문이며, 또는 벌을 피하기 위
해 아첨하는 행위.〉 이러한 아부는 인간의 역사가 시작될
때부터 여러 모양으로 일어났고, 기록된 것들을 보면 특히
이익이 있는 곳에는 늘 모습을 드러내지요.

「창세기」에 보면 하나님이 창조하신 여자 인간 이브가
아담과 함께 낙원에서 쫓겨납니다. 쫓겨나는 것으로 부족
해 임신과 산고의 고통이 더해지고 남편의 다스림까지 받
게 되지요. 남편 아담은 땅의 저주를 받아 평생을 수고해

야만 그 소산을 먹을 수 있게 되는 벌을 받습니다. 죽어야 할 운명에도 처합니다. 간교한 뱀의 아부 때문이었습니다. 〈당신과 당신 남편이 하나님과 같이 되어 결코 죽지도 않을 것이다〉라고 이브를 부추겼기 때문입니다.

또 다른 구약 성경 「에스더」에 보면 왕의 총애를 입은 하만이라는 자가 나옵니다. 모든 신하들이 왕의 명령대로 그에게 꿇어 절하지만 모르드개라는 사람은 꿇지도 절하지도 않습니다. 아부를 모르는 게지요. 아첨꾼을 보면 그들만의 특징이 있습니다. 얼굴이 두껍습니다. 신중하지 못합니다. 남의 우스갯감이 되는 데 전혀 두려움이 없습니다. 목적 달성을 위해서라면 상대가 상처를 입든 목숨을 잃든 상관하지 않습니다. 이러한 인물이 되고 싶지 않았던 모르드개에 분개한 하만은 그의 종족까지 다 멸하고자 합니다. 자유로운 영혼으로 천박한 현실에, 속된 세상에 얽매이고 싶지 않은 모르드개가 미웠던 것이죠. 하지만 결국 모르드개를 목매달고자 한 나무에 자기 목이 매달리고 말지요.

인간이라면 자유로울 수 없는 허영심 때문에 아부는 힘을 얻지요. 허영심은 자존감이 낮은 사람이나 〈나는 대단한 사람이야〉라고 생각하는 자만심이 센 사람에게서 쉽게 발견됩니다. 문제는 이 허영심이 이성을 마비시킨다는 데 있는 게지요. 자기를 해칠 늑대를 충실한 개로 봅니다. 이익이 없으면 미련 없이 버리고 떠나갈 아첨꾼을 죽음도 같이 할 친구로 본답니다.

만일 당신이 조직의 장이거나 그룹의 우두머리인데, 당신의 의견에 맞서는 사람이 하나도 없다면 의심해 보십시오. 당신이 아첨꾼들에 둘러싸여 있는 것은 아닌가 하고 말입니다. 무슨 일이든 그에 대한 판단은 사람의 관점 수만큼이나 다를 수 있기 때문에 당신이 미처 생각지 못한 바를 지적하고, 잘못 판정한 바를 교정하는 사람이 있는 게 당연하거든요. 아니면 당신에게 진정한 사랑으로 조언이나 비평을 했을 때, 당신이 그것을 언짢해 하며 무시하지는 않았는지 돌아보십시오. 충신을 벌하고 간신에게 상을 내리지는 않았는지 말입니다. 만일 그렇게 했다면 당신에게 진실을 이야기하는 사람은 모두 사라지고 말 것입니다.

사람 간에 진실은 불쾌한 존재입니다. 진실이 증오를 낳고 그 증오는 인간관계에서 독과 같은 존재가 되니 말입니다. 그러나 더 불편한 것은 아부입니다. 상대방의 결점에 눈을 감고 듣기 좋은 말만 해준다면 상대를 벼랑으로 떨어지도록 내버려 두는 것과 같습니다. 진실을 말해 주지 않는 친구는 원수보다 나쁘고, 잘못에 눈을 감는 지나친 관용은 페스트보다 무섭다지요. 친구 사이에 진실을 말해 주지 않아 친구가 계속 잘못을 저질러 악의 구렁텅이로 빠지도록 놔둔다면 친구가 아닙니다. 폭군과 친구의 차이는 진실을 말할 수 있느냐 없느냐에 달린 것입니다. 다만, 진실을 말하는 데 있어 훈계나 조언은 부드러워야 하고, 질책은 모욕이 되어서는 안 될 것입니다. 조언이나 질책을 받는 입장에서는 원망 없이 감내해야 할 것입니다. 만일 진실에 귀를 덮으면 망하게 되어 있으니 말입니다.

아부를 칭찬으로 듣지 않고 아부의 진위를 분별할 수 있는 자가 진정 지혜로운 사람입니다. 지혜와 분별력을 갖춘 자는 아부가 아니라 존경을 받을 것입니다. 진정 존경하는 마음으로 애정 어린 축하의 인사를 받을 자는 아부가 필요하지 않으며, 아부를 알아봅니다. 겉으로의 아부가 속까지의 존경이 아님을 밝은 눈과 마음으로 헤아립니다. 아부하는 자 당신의 목숨을 야금야금 갉아먹을 독이라 여기기에 아예 멀리할 것입니다.

성경 말씀으로 시작했으니 마무리도 그리할까 합니다. 신약 성경 「마가복음」 10장에 나오는 에피소드입니다. 예수가 길에 나가자 한 사람이 달려와 꿇어 앉아 묻습니다. 〈선한 선생님이여, 내가 무엇을 하여야 영생을 얻으리이까.〉 이 말에 예수는 답하지요. 〈네가 어찌하여 나를 선하다 일컫느냐. 하나님 한 분 이외에는 선한 이가 없느니라.〉 이 사람은 예수에게 아부하면서 공개적으로 예수가 자기를 인정해 주기를 바랐던 것이지요. 권위에 기대어 뭇사람들이 자기에게 알아서 숙이도록 만들려는 이 본능, 참으로 안타깝습니다.

어린아이의 마음으로

악의라고는 전혀 없어요. 어린아이라도 대낮
을 밤이라고 하여 그분을 속일 수 있다니까
요. 이런 순박함 때문에 나는 그 사람을 내 심
장막만큼이나 좋아하게 되었고 아무리 터무
니없는 짓을 해도 그 사람을 버리고 갈 수가
없게 되었단 말입니다. (속편 13장)

니체는 『차라투스트라는 이렇게 말했다』에서 인간 정신
의 세 가지 변화로 인간 성장의 순서를 매겼습니다. 첫 번
째가 낙타의 단계입니다. 무거운 짐을 잔뜩 지고 순종하고
인내하기 때문이랍니다. 사막의 강한 햇살 아래 느릿느릿
짐이나 사람을 나르는 모습이 연상됩니다. 눈매부터 참 순
하고 착해 보입니다. 그렇습니다. 보통 착하다는 평가를
받는 사람들이 이 단계에 속합니다. 이들은 늘 배려하고
양보하고 참습니다. 그러다 보니 그 억압된 감정이 가슴에
쌓이고 또 쌓여, 고인 물이 썩듯이 자기 몸의 병이 됩니다.
화병이나 공황 장애나 우울증 같은 심리적 고통이 어마어
마하지요. 더 나아가 자기보다 타인을 배려하는 게 습관화
되다 보니 비판의식이나 성찰이 없어져 자기가 무엇을 원

하는지, 자기가 누구인지도 모르게 되는 경우가 종종 있습니다. 결코 정신적으로 성장한 단계는 아닌 것 같습니다. 이런 사람들은 자신에게 착해지는 법, 즉 자신을 사랑하는 법부터 터득해야 한다고 니체는 가르칩니다.

다음은 사자라고 하는데요, 이솝 우화에 나오는 「사자의 몫」 이야기를 통해 이 단계를 이해해 보면 좋을 듯합니다. 14세기 스페인의 후안 루이스 사제가 쓴 『좋은 사랑의 이야기』에도 이 우화가 등장합니다. 한 여인을 유혹하려는 남자가 여인에게 심부름꾼을 보내고, 여인은 심부름꾼에게 이 우화를 들려줍니다.

사자가 병이 났다는 소리를 듣고 동물들이 그를 보러 갔습니다. 식사 시간이 되었습니다. 동물들은 누구를 희생시킬지 사자에게 물었습니다. 사자는 소를 잡으라고 했습니다. 그러고는 늑대에게 모두가 먹을 수 있도록 배분하라고 했습니다. 늑대는 사자에게 내장을 주고 자기는 가장 푸짐한 고깃덩어리를 챙겼습니다. 사자는 이에 화가 나 늑대의 머리를 후려쳤습니다. 늑대의 한쪽 귀가 완전히 떨어져 나갔습니다. 그러고는 여우에게 다시 고기를 배분하라고 명령했습니다. 여우는 살코기 전부를 사자에게 주었습니다. 다른 짐승들에게는 내장과 허파만 주고 말이죠. 덕분에 여우는 사자로부터 엄청난 축복을 받았습니다. 앞서 늑대의 터진 머리에서 자기가 어떻게 해야 하는지 교훈을 얻은 거지요. 이 이야기가 유혹에 넘어간 앞선 여인네들의 형편을 본보기로 삼겠다는 여인의 대답이지요.

이제 사자가 왜 두 번째에 드는지 아시겠습니까? 밀림의 왕이라는 자기의 권리가 침해당했다고 생각하자 그 권리를 찾기 위해 자기를 무시한 늑대를 가차 없이 처단했기 때문입니다. 이 단계에 있는 사람들은 자유를 쟁취하려 하고 사막의 주인이 되고자 합니다. 새로운 창조를 위한 자유의 획득, 새로운 가치를 위한 권리의 쟁취를 외치는 위대하고 고독하며 진실된 자라 합니다. 그런데 이런 부류의 사람들은 극단적인 면이 있습니다. 자신에 대한 믿음이 지나쳐 만일 추구하던 바가 이루어지지 않을 경우 절망으로 급하강합니다. 진실을 얘기해 주는 사람이 있으면 자기에게 맞선다고 생각하여 평정심을 잃고 분노로 폭발하거나 고독으로 직강하 하는 조울증 증상을 보입니다. 이 정도의 정신적인 성숙은 사람을 불안하고 고독하게 만드니 성숙한 단계라고 말할 수 없겠지요.

다음 단계는 니체의 책이 처세술을 말하고 있었다면 당연히 여우를 꼽았을 겁니다. 그러나 인간으로서의 성숙 단계를 정신적인 면에서 생각해 본 것이니 그럴 수는 없었겠지요.

니체는 인간 성장의 최고점을 어린아이로 보았습니다. 순진무구하고 망각하고 단순하고 과거에 매이지 않아 그렇답니다. 삶이 놀이가 되어 늘 새 출발이 되며, 긍정적이라 그렇답니다. 〈강물의 더러움을 받아들이면서도 스스로는 더러워지지 않는 바다처럼 인간 세계에 살면서도 스스로는 더러워지지 않는 영적이고 지혜로운 사람〉이라서 그렇답니다.

돈키호테는 어린아이와 매우 닮아 있습니다. 과거를 잊지 못하는 산초를 꾸짖고, 한 가지 일에 꽂히면 그 일에 미쳐 즐기고, 산초의 부족함과 무례로 인해 끓어올랐던 화도 금방 풀고 화해를 청합니다. 계산이 없고 순진하기 그지없는 까닭에 감정을 쌓아 둘 줄 모르며, 무너트리고 또 무너트려도 지칠 줄 모르고 한없는 긍정의 에너지로 다시 일어납니다. 러시아 대문호 도스토옙스키가 돈키호테를 두고 문학사에서 가장 아름다운 인물이라고 한 이유가 이해됩니다.

상상력 훈련

이로써 결론을 내리자면, 내가 말하는 것들
이 모두 실제로 그러하다고 나는 상상한다는
것이네. 넘치는 것도 모자라는 것도 없이 바
로 말 그대로 말일세.(전편 25장)

지식은 책으로 되지만 상상력은 책만으로 되지 않습니다. 지식은 하룻밤 새면 어느 정도 드러내 보일 게 있지만 상상력은 훈련이 필요합니다. 늘 관심과 호기심으로 사물을 대하는 여유로운 생활에서 출발합니다. 창조적인 사고와 표현은 직관과 느낌과 감성에서 비롯하기 때문입니다.

어릴 적 막대기 하나로 하루를 놀고도 남았습니다. 경제적으로 넉넉하지 못했던 시절, 세상에 널린 게 놀잇감이었습니다. 이발사 대야가 돈키호테에게 투구가 되었듯이, 양은 냄비를 머리에 엎어 쓰면 막대기는 적을 무찌르는 칼이 되고 총이 되었습니다. 바닥에 대면 붓이 되어 추상화가 탄생했습니다. 나무토막을 치면 자치기 도구가 되었습니다. 하늘의 별똥별이, 달님이 소원을 들어 준다고 믿었습니다. 풀벌레 울던 밤 평상에 누워 듣던 어른들의 거짓말에 상상의 세계가 열렸습니다. 비 아래 맨몸으로 서서 충동과 감각에 몸을 맡기기도 했습니다. 이렇게 자연과 함께 내면적이고 본능적인 느낌과 기쁨을 누리며 자연스럽게 자랐습니다. 그런데 지금 세상은 달리 돌아가는 듯합니다.

얼마 전 목 통증으로 병원을 찾았습니다. 옆에 초등학교 3학년 정도로 보이는 새하얀 얼굴의 안경 쓴 남자 아이가 연신 기침을 하며 한 여자와 함께 순서를 기다리고 있었습니다. 이 여자가 아이의 머리를 쥐어박습니다. 옆에 있던 신문을 집어 들더니 애 무릎에 던지듯 줍니다. 한자 공부하랍니다. 순간 내 입에서 나도 모르게 이 말이 튀어나와 버렸습니다. 〈애가 아프다잖아요!〉 학원과 과외로 하루를 마치는 중학교 1학년 학생은 달력에 있는 날짜를 하나하나 지워 나갑니다. 〈오늘도 견뎌 냈다〉면서요.

학교에서는 생각이 많고 이해력이 뛰어난 학생보다 암기력이 월등한 학생이 좋은 성적을 받습니다. 전통이 내려 준 표준과 관습에 길들어 있는 학생이 모범생입니다. 반면 생각이 많은 학생은 다양한 관점으로 세상을 관찰하고 진실이 하나일 수 없어 늘 의문이 많기에 문제아 취급을 받습니다. 감각적이고 정서적인 느낌과 지성이 한데 어우러져야 이해력이 생기는데, 이러한 이해력을 이해하지 못하는 사회에서는 이런 능력을 지닌 사람이 오히려 외면당합니다. 다양한 사고력과 이해력은 미래를 책임질 사람들이 가져야 할 가장 중요한 덕목인데도 말입니다.

스페인을 두고 〈백 명의 우등생은 낳지 못하지만 한 명의 천재를 낳는 나라〉라고 합니다. 19세기 후반 영국과 프랑스 사람들이 예술의 최고봉에 올려 세운 사람이 스페인 화가 벨라스케스입니다. 현실만 보던 사람들을 환상에 젖게 하고 현혹해서 그러하다고 합니다. 그때까지 회화는 화가의 눈이 물체의 요구에 맞춰져야 했는데, 그는 물체가 자신의 눈을 좇도록 그리고 있어서 그렇다고 합니다. 관점의 전도로 인상주의의 포문을 연 혁신을 이룬 게지요.

1929년 스페인 영화감독 루이스 부뉴엘과 스페인 화가 살바도르 달리가 영화 「안달루시아의 개」를 만들었습니다. 면도날을 갈고 있던 남자가 구름이 달을 가르는 모습을 바라보다 그 칼로 큼직한 여성의 눈동자를 반으로 가르는 첫 장면에 사람들은 아연실색했습니다. 영화에는 스페인 남부 지역명인 〈안달루시아〉나 동물인 〈개〉가 나오지 않습니다. 기존의 생각하던 방식, 그때까지 사물을 바라보던 방법에서 탈피하라는 메시지의 영상이자 제목이었던 것이죠.

피카소는 화가들이 사용하던 단일 시점을 부정했습니

다. 사물의 옆과 밑과 위에서 바라본 다시점으로도 부족해 화가의 머릿속까지 들여다봤습니다. 오브제의 최소한의 느낌만을 남기고 나머지는 모두 제거하기 위해 사물의 모습이 아니라 화가의 관념의 세계를 화폭에 담았던 게지요. 그러면서 하나의 양식을 창조한 것에 만족하지 못하고 늘 새로운 것을 찾으며 새로운 길을 열어 나갔습니다.

괴짜란 별명을 가진 달리는 기존의 관습을 모두 거부했습니다. 채워지지 않는 호기심으로 감각과 상상의 문을 열어 도발적이며 충격적인 이미지를 쏟아 냈습니다.

위대한 건축가 가우디의 건축물은 과학적 창의력과 상상력의 결정체입니다. 그의 스승은 숲과 나무였습니다.

최근 스페인 바르셀로나 환경전염병학 연구소에서 바르셀로나에 있는 초등학생 2,593명을 대상으로 조사한 결과에 따르면 등하굣길이나 집, 학교에서 자연과 함께한 아이일수록 더 적극적이고 활동적이며 자제력과 창의력과 지능이 뛰어났다고 합니다.

누군가는 그들은 타고난 재능이 있었어, 라고 말할지 모릅니다. 재능이라는 바탕 위에 나름대로의 노력이 더해진 거라고요. 하지만 재능은 알다시피 인간 역량의 5퍼센트만 차지한다고 하더군요. 일상생활에서 주위에 널려 있는 사물을 습관적으로 관찰하고 꾸준히 생각하는 노력에 나머지 95퍼센트가 있다고 합니다. 5퍼센트에서 비롯한 결과는 없을 수도 있지만 95퍼센트의 노력은 반드시 결과가 있습니다. 노력이 거꾸로 재능을 만들기도 합니다. 늘 학교에서 낙제점을 받았던 에디슨보다 더 많은 낙제를 했지만, 에디슨보다 하나 더 많은 특허를 따낸 미국 인텔렉추얼벤처스의 수석 발명가 로웰 우드는 〈천재는 노력하는 사람의 별명〉임을 보여 주었습니다.

스페인의 또 다른 화가인, 회화를 기호로 바꾼 호안 미로가 받은 교육법이 창조를 위한 구체적인 도움이 될 수 있을 것 같아 소개해 봅니다.

미로는 열아홉이 되던 해에 바르셀로나 프란시스코 갈리 미술학교에 들어갔습니다. 보통 미술학교나 학원에서는 선 긋는 방법부터 가르칩니다. 이후 도형을 그리게 하고 다음 단계로는 조각상, 이어 꽃이나 과일 등을 그리게 합니다. 테크닉에 주안점을 둔 교수법입니다.

미로의 학교에서는 숲과 나뭇길로 산책을 시킵니다. 자연이 주는 햇빛, 식물이 내뿜는 산소, 꽃과 풀냄새 등으로 기분이 상쾌해지고 자유로움에 심리적으로 안정을 찾습니다. 뇌 기능과 지적 능력이 향상되어 창의력이 배양됩니다. 그리고 음악을 감상하게 하고 시를 읽힙니다. 감성이 살찝니다. 고대 로마 시인 호라티우스가 〈그림은 시와 같다〉고 했듯이, 시어의 이미지 연상을 통해 상상력도 키우는 겁니다. 감정이입을 통해 음표와 문자를 이미지화하는 훈련입니다. 그렇게 한 후 이 모든 것을 통합하기 위해 눈을 감고 오브제를 만지게 한 후 기억을 더듬어 그림을 그리게 합니다. 맛과 냄새와 느낌으로 알았던 것들 사이에서 수많은 연상과 유사성을 이끌어 냈다고 한 헬렌 켈러의 학습법이기도 합니다. 표면이 감추고 있는 바탕의 세계를 눈으로써가 아니라 마음으로 찾아내는 능력을 키우는 교수법입니다. 익숙한 현실에서 빠져나와 직관과 감성의 세계로 인도하는 교육법인 게지요. 이처럼 훌륭한 창작 교육은 광대한 상상력의 소유자, 없는 세상까지 볼 수 있는 행운아를 길러 줍니다.

아, 「안달루시아의 개」의 그 첫 장면은 삶은 달걀로 연출한 겁니다.

생각하는 법

제대로 살피고 일을 하시라고 제가 말씀드리
지 않았나요? 저건 풍차라고요. 머릿속에 그
런 해괴한 생각을 담고 있는 사람이 아니라
면 누가 그걸 모르겠느냐고요!(전편 8장)

자네 눈에 이발사 대야로 보이는 것이 내 눈
에는 맘브리노 투구로 보이는 걸세. 다른 사
람에게는 또 다른 것으로 보일 수 있겠지.(전
편 25장)

스페인 작가 라몬 고메스 데 라 세르나는 아포리즘의 대
가입니다. 앙상한 나뭇가지를 하늘을 쓰는 빗자루로 보았
습니다. 철길에서 자라는 풀은 자살하려고 태어난 것이라
합니다. 이렇게 직관과 관찰로 관점을 전도하면서 그의 문
학 세계는 새로운 영토를 확장해 가고 있습니다. 그를 두
고 〈신대륙을 향해 항해하는 또 하나의 콜럼버스〉라고 하
는 이유입니다. 프랑스 지성을 대표하는 몽테뉴는 『수상
록』에서 단 하나의 삶의 방식에 매이는 것은 〈있는〉 것이
지 〈사는〉 것이 아니라고 합니다. 〈인생이란 갖가지 형태
를 취하는 운동〉이라 합니다. 끝없이 흔들리고 움직이는

다양한 사고 행위를 통해 얻은 지식이나 이해를 감성에 결합하면 기발한 것이 탄생한다는 메시지입니다.

1908년 원소의 분열과 방사능 물질에 대한 연구로 노벨화학상을 받은 영국의 어니스트 러더퍼드 경이 남긴 이야기입니다. 그는 어느 날 대학 동료로부터 전화 한 통을 받았습니다. 동료가 낸 물리 문제를 푼 학생의 답이 엉터리라 영점으로 처리하려고 하는데, 학생은 자기 답이 명명백백하게 옳은 것이라며 강하게 항의하고 있으니 와서 심판을 좀 봐달라는 거였습니다. 물론 학생도 누군가가 공정하게 자기의 답에 대한 평가를 내려 주기를 바랐기 때문에 교수와 학생 간의 합의로 이루어진 타협안이었지요. 이 일을 맡을 사람으로 자기가 선택되었다는 겁니다. 동료가 낸 문제는 〈기압계로 어떻게 건물의 높이를 잴 수 있는가〉하는 것입니다. 혹시 이쪽 학문과 관계있는 분이라면 잠시 멈춰 자신의 답을 구해 보기 바랍니다.

학생의 답은 이랬습니다. 기압계를 가지고 건물 옥상으로 올라가서 아주 긴 끈을 기압계에다 묶는다. 그러고는 건물 바닥으로 내린 다음 측량하면 된다. 끈의 길이가 건물의 높이와 같기 때문이다.

답은 완벽하고 정확했으니 문제를 푼 게지요. 하지만 이것은 출제 교수가 원했던 계산법이 아니었습니다. 교수는 높은 점수를 줄 만한 답이 못 된다고 생각했습니다. 더군다나 물리 지식과 동떨어진 답이기에 내심 영점 처리를 하고 싶은 마음이었습니다. 러더퍼드 경은 학생에게 다시 기회를 주고 싶었습니다. 같은 문제로 물리에 대한 지식을 보여 줄 수 있는 답을 6분 내로 내놓을 것을 요구했습니다.

5분이 지나도록 학생은 아무런 답도 적지 못하고 있었습니다. 그래서 러더퍼드 경은 그냥 가려면 가도 좋다고 했습니다. 영점은 면했으니 성적은 나갈 것이라고 하면서 말이죠. 그러자 학생은 대답했습니다. 답이 여러 개라 어느 게 좋을지 고르는 게 난관이라고 말이죠. 러더퍼드 경은 학생에게 주어진 시간을 방해한 데 대해 용서를 구하며 계속하라고 했습니다.

드디어 주어진 시간의 마지막 1분에 학생은 답을 적었습니다. 건물 옥상으로 올라가서 거기서 기압계를 바닥으로 떨어트려 떨어지는 시간을 측정한다. 그러고는 높이를 돌출해 내는 공식을 적용하면 된다. 이분의 일 곱하기 엠 브이 제곱.

문제를 낸 교수는 학생에게 더 높은 점수를 주었고 학생은 강의실에서 나갔습니다.

러더퍼드 경도 동료와 작별한 뒤 복도로 나서다 그 학생과 다시 만나게 되었습니다. 그래서 그 학생에게 아까 답이 여러 개라 했는데, 그 나머지 답을 들을 수 있는지 물었습니다. 학생은 기꺼이 그러겠노라며 여러 가지 방법이 있다고 했습니다. 하나는 맑은 날 기압계의 높이와 기압계 그림자의 길이를 잰 후 건물의 그림자 길이에 비례를 적용하면 건물의 높이를 알 수 있다고 했죠.

이 답을 들은 러더퍼드 경은 또 다른 방법으로는 어떤 게 있는지 물었습니다. 〈아주 기본적인 거지만, 분명 높이를 잴 수 있는 방법입니다. 기압계를 들고 일 층부터 옥상까지 올라가면서 눈금 수를 세고 기압계의 고도를 측량한 뒤 그 둘을 곱하면 높이가 나옵니다. 좀 더 우아한 방법도 있지요. 기압계를 끈에 묶어 시계추마냥 흔들어 기압계가 옥상의 높이에 있게 되면 중력이 제로가 됩니다. 그때 계산하면 되지요. 중력 가속도는 $9.8 \text{m}/s^2$이니까 말이죠. 아니면 간단하게 삼각함수를 적용해도 되지요. 그것도 아니면 기압계를 끈에 묶은 다음 옥상으로 올라가 거기서 건물 바닥으로 기압계를 늘어뜨려도 되지요. 기압계를 진자처럼 이용하여 그것의 정밀도를 측정하여 높이를 계산할 수도 있습니다.〉 끝으로 그는 이밖에도 많은 방법들이 있다면서, 그중 가장 멋진 해결책은 기압계를 들고 건물 경비원에게 찾아가 이렇게 말하는 거라고 했답니다. 〈아저씨, 여기 멋진 기압계가 있는데요, 이 건물 높이를 제게 알려

주시면 이거 선물로 드릴게요.〉

러더퍼드 경은 물리학도라면 누구나 다 아는 공식을 적용하지 그랬느냐고 물었답니다. 문제에 대해 이미 주어진 공식을 말이죠. 서로 다른 두 장소에서 기압계가 보이는 압력의 차이는 두 장소에서의 높이의 차이를 보인다, 라는 거 말입니다. 학생은 기다렸다는듯이 대답했답니다. 그 공식을 알고 있었지만 수업을 받을 때마다 교수들은 학생들에게 다양한 관점으로 생각하는 방법을 가르치려고 애썼답니다.

우리가 한 가지 생각만을 강요당할 때 서양에서는 이렇게 오래전부터 생각 근육을 키우는 교육을 받고 있었습니다. 이 학생이 바로 원자 모형으로 유명한 닐스 보어입니다. 1922년 〈원자의 구조와 원자가 내는 스펙트럼에 대한 연구에 기여한 공로〉로 노벨 물리학상을 받은 덴마크의 물리학자이지요. 원자가 빛을 방출하거나 흡수하는 것을 전자가 한 궤도에서 다른 궤도로 도약하는 과정이라고 가정하여 이 가정을 통해 수소 원자가 내는 스펙트럼의 종류를 성공적으로 설명한 첫 번째 사람입니다.

이 일화는 현실에 접근하기 위한 다양한 생각을 보여 준 예입니다. 많은 생각을 하다 보면 창조적 발상이 일어나는 법이고, 작은 변화가 큰 결과를 낳기도 하지요.

스페인은 가톨릭 종교가 강한 나라입니다. 믿음을 선행으로 표현해야 할 의무를 요구하는 나라이죠. 거기에 국민들의 정서가 우리와 닮아 정이 많습니다. 다시 말해 불쌍한 사람들에게 자비를 베풀어야 하는 종교적 정의감과 의무감, 또는 그것을 당연하게 여기는 마음이 국민들 사이에 뿌리 깊게 박혀 있습니다. 그래서 스페인에는 역사적으로 걸인이 참 많습니다. 지금도 마드리드 거리를 걷다 보면 걸인이라고 하기에는 너무나 우아한 자태와 긍지로 구걸을 생업으로 삼고 있는 사람들을 많이 만납니다.

벤치에 앉아 책을 읽고 있는 여인의 발치에 강아지 한 마리가 앉아 동냥 바구니를 지키고 있습니다. 예전에는 그 통이 넉넉하게 채워졌는데, 경제적 어려움을 겪은 이후로 그렇지 못합니다. 그런데 그 경제적 어려움도 이겨 낸 일이 벌어졌습니다. 한 시각 장애인이 자기 발치에 동냥을 구하는 그릇을 놓고 앉아 있었습니다. 옆에는 〈저는 앞이 보이지 않아요, 제발 도와주세요〉라고 쓴 마분지를 세워두고 있었죠. 한 카피라이터가 그 앞을 지나가다 보니 그릇 안에는 단지 동전 몇 개만이 들어 있었습니다. 그는 허락을 구하지도 않고 그 마분지를 들어 가방에서 매직펜을 꺼내 뒤쪽에다 뭔가를 적었습니다. 그러고는 원래 자리에 앞뒤를 바꿔 내려놓고는 자리를 떴습니다.

오후, 퇴근길에 카피라이터는 다시 그 시각 장애인 앞을 지나치게 되었습니다. 다시 보니 그의 그릇은 지폐와 동전으로 가득했습니다. 시각 장애인은 그의 발걸음을 알아채고 아침에 여기를 지나갔던 사람인지를 확인하고는 자기 마분지에 뭐라고 썼는지 물었습니다. 그 카피라이터는 대답했습니다. 〈별거 아니에요. 당신이 알리고자 한 만큼 분명하지는 않지만 다른 말로 당신의 처지를 알렸습니다.〉 그러고는 미소 지으며 자기 길을 계속 갔습니다. 시각 장애인은 볼 수도 알 수도 없었지만 그의 마분지에는 새로이 이렇게 적혀 있었습니다.

〈봄이 왔대요. 전 그 봄을 볼 수가 없답니다.〉

욕망이 클수록 허점도 많습니다

백성이나 자네와 가까이 지내는 사람들이 자
네의 특정 성향을 알게 되면 그곳을 공격하
여 결국 자네를 파멸의 깊은 심연으로 무너
뜨리고 말 것이네. (속편 51장)

낚시를 할 때 밑밥을 던집니다. 물고기들이 가장 좋아할
미끼로 유혹하려고 말이죠. 그 미끼에 걸려듭니다. 비싼
어종과 대어를 잡을수록 낚시꾼들은 좋아서 죽을 지경이
됩니다. 고작 지렁이 한 마리 먹자고 바늘에 걸려 끌려 나
온 물고기들이 그제야 잘못된 것을 알고 살겠다는듯 버둥
댑니다. 색깔이 곱고 매끈한 게 정말 아름답기까지 한 몸
이 낚시 바늘에 입이 꾀여 퍼드덕대는 모습을 보면 눈물겹
습니다. 비늘이 벗겨지고 횟감으로 탐욕스러운 사람들의
입으로 들어가는 모습에서 자그마한 이익 앞에 눈이 멀어
망신당한 사람들이 겹쳐집니다.

사람을 움직이게 하는 첩경은 상대의 욕망을 파고드는
것입니다. 욕망이 없는 인간은 없으니까요. 누구는 남의

인정에 목말라 명예를 갈급합니다. 누구는 돈에 갈급이 납니다. 어떤 사람은 젊은 미인을 욕망합니다. 명예욕, 금전욕, 쾌락의 욕망입니다. 이에 버금가는 자식욕도 있습니다. 나 욕하는 건 참아도 자식 욕하는 건 못 참지요. 이러한 욕망이 사람을 움직입니다. 욕망을 채우기 위해 물불 가리지 않고 덤벼들지요. 그러다 그 욕망을 채울 기회가 주어지면, 물고기가 미끼를 물듯 덥석 물어 버립니다. 돈키호테가 인용문에서 말한 〈특정 성향〉이란 바로 그 사람의 약점이 되는 것이지요. 그러니 약점을 치면 사람은 무너지게 되어 있고, 원하는 대로 조종 가능하게 됩니다. 명예욕이 강한 사람에게는 명예로 다가가면 되고, 금전욕이 강한 사람에게는 돈으로 거래하면 되고, 쾌락에 약한 사람은 룸살롱 데리고 가 술 먹이면 되고, 자식에 약한 사람은 자식 뒤를 봐주면 되는 게지요.

세상에는 온갖 장애물이 널려 있으니 어디서 어떻게 발이 걸려 넘어질지 모릅니다. 세상에 완벽한 사람은 없는 법이거든요. 누구나 한두 가지 결점은 갖고 있지요. 불행은 아주 작은 부주의에서 시작되는 경우가 많습니다. 그래서 최고의 처세술은 덕을 쌓는 거라고 하나 봅니다. 덕을 염두에 두는 사람은 생각을 할 수가 있거든요. 거대한 유혹 앞에서도 잠시 멈춰 내가 얻을 것과 잃을 것을 생각하지요. 제대로 생각하고 있는지도 생각할 것입니다.

공인의 경우 한 번의 실수가 평생의 멍에가 되는 경우가 많습니다. 한 가지 실수로 사람 전체가 부정되고 마는 일입니다. 나쁜 평판은 더 빨리 퍼지고 더 오래 기억되니 잃어버린 명예를 회복하는 데 엄청난 노력이 요구됩니다. 회복한 듯 해도 늘 그림자처럼 오명이 붙어 다닙니다. 종종 관계없는 일인데도 그 그림자로 그 사람의 됨됨이를 파악하려 들지요.

세상과 사람이 무서워집니다. 매일 긴장하지 않고서는 살 수가 없을 것 같습니다. 그렇습니다. 돈이나 권력, 명예에 조급증이 나는 사람들은 긴장하고 경계하며 살아야지요. 욕망이 클수록 허점은 많아지게 마련이니까요. 하지만 그냥 보통인으로 살고자 하는 사람들은 그렇게 힘들게 살지 않아도 됩니다. 내 허점을 공략할 사람 없고 내가 지켜내야 할 큰 재산이나 권력도 없으니 말이지요. 주어진 것에 감사하며 욕심 없이 사는 사람을 호릴 미끼는 없을 것이며, 남에게 해가 될 일도 하지 않으니 적을 만들 일도 없을 테니 말입니다.

산초가 통치자로 살다 자리에서 물러날 때 자기의 당나귀를 얼싸안고 흐느끼지요.

네 작은 몸뚱이나 먹여 살릴 일 이외에는 다른 생각일랑 하지 않으면서 보낸 나의 나날들은 행복했었지. 하지만 너를 내버려 두고 야망과 오만의 탑 위에 오르고 난 이후부터는 내 영혼 속으로 수천 가지 비참함과 수천 가지 노고와 수천 가지 불안이 들어오더구나.(속편 53장)

허점을 공격당하지 않고 사는 방법은 오디세우스의 지혜를 본받아 〈아예 위험할 수 있는 일에서 멀어지는 것〉일 겁니다. 돈키호테도 말합니다. 〈야망이 너의 마음을 산란하게 하지 않고, 세상의 헛된 호사도 너를 괴롭히지 않게〉(속편 20장) 하라고요. 그저 남에게 신세지지 않을 정도의 돈만 있으면 될 것 같고, 내 가족 지킬 만한 힘으로 살면 편안한 삶을 가질 수 있을 것 같습니다. 이런 사람들은 내게 부여된 은혜로 성실하게 일하고, 노력해서 얻지 않은 것은 내 것이 아니라고 생각하는 부류이지요. 이런 사람들이 여전히 세상에 많은 이유는 아마도 신이 가장 사랑하는 사람이라서 그런 게 아닐까요.

수치심

비록 거기 아무도 없지만,
지은 죄를 생각하면 스스로 부끄러워지리라.
그 넓은 가슴에 느끼는 수치는
누가 보고 있기 때문이 아니라,
하늘과 땅 이외에는 아무도 모른다 할지라도
실수한 자신이 부끄러워서이리라. (전편
33장)

나는 지리에 아주 약합니다. 〈내비〉라는 길 안내기의 도움으로 〈100미터 앞에서 우회전〉이라는 음성을 들으면 100미터가 어디쯤인지도 가늠이 잘 안 됩니다. 그래서 불가피하게 끼어들거나 갑자기 차선을 변경해야 할 경우가 생깁니다. 그럴 때면 어찌나 부끄러운지 창문을 내리고 비상등까지 켜가며 미안함을 표시합니다. 우리가 종종 경험하게 되는 〈도덕적 수치〉의 한 예입니다. 사회가 요구하는 윤리적 시스템을 위반하는 행동을 할 때 갖게 되는 심리이지요. 자신을 부정적으로 평가하고, 자기는 부적절한 존재라는 생각으로 이어져 어디론가 숨거나 사라져 버리고 싶다는 마음과 의식을 말합니다. 인격적인 동요를 회피로써 방어하고자 하는 심리 작용입니다.

이런 종류의 수치심은 강도가 약하고 지속 시간이 짧습니다. 그리고 자신의 행동을 교정하고 좀 더 성숙한 인간이 되도록 돕는 순기능이 있습니다.

이외 내가 잘못한 게 없어도 갖게 되는 또 다른 유형의 부끄러움이 있습니다. 자기가 속해 있는 구성원들로 인해 유발되는 수치심이지요. 예를 들어 가족 누군가의 부끄러움이 나의 부끄러움이 되는 게지요. 또는 사회적으로 부정적인 의미를 갖고 있는 그룹에 속함으로써 느끼게 되는 수치심도 있습니다. 나치 시절, 유대인들이 유대 혈통이라는 이유 하나만으로 수치심을 느껴야 했던 게 그 예입니다. 역사의 아이러니라고 해야 할까요. 거꾸로 내 독일 친구는 나치 이야기만 나오면 자기가 독일인이라는 사실에 부끄럽답니다. 자기 그룹으로 받아들이기 어려운 인간들과 자기를 동일시할 수 없다는 게지요.

또한 유독 강도가 센 부끄러움이 있습니다. 몰상식한 윤리로 사회에 문제를 일으켜 갖게 되는 부끄러움은 강력해야 마땅합니다. 하지만 이 수치심이 과잉 윤리로 죄의식이나 대인 기피로 나아가는 일도 있는데, 이 경우엔 치료가 필요한 병으로 취급되기도 합니다. 부끄러운 감정을 너무 강하게 갖게 될 때 발생하는 게지요.

20년이나 지난 일입니다. 대학에서 선생으로 있는 동안 그때까지 난 세 명의 제자를 잃었습니다. 한 제자는 병마와 싸웠지만 결국 꺾이고 말았습니다. 두 명의 제자는 어처구니없이 스스로 목숨을 놓아 버렸습니다. 이 중 한 명은 생의 마지막 사흘 전까지 나와 많은 대화를 나눴습니다. 재기가 넘치는 학생이었지만 외국에서 자라 한국 대학 생활 적응이 힘든 데다, 어머니와의 갈등으로 고민이 깊었던 학생입니다. 결혼이든 취직이든 가급적 빨리해서 외국에서 살고 싶다는 절박함을 알고 외국 기업 일자리도 추천해 주고 면접도 보게 했습니다. 그러나 여학생이라는 이유로 늘 마지막 관문을 통과하지 못하고 있었지요. 마침 멕시코에 사는 내 선배의 절친 자제분이 결혼 상대를 구한다는 소식을 접하게 되었지요. 상대는 내 학생이 원하는 조건을 갖추고 있었고, 학생에 대한 이야기를 내게서 들은 상대 역시 관심을 보이고 있었습니다. 〈내일은 대학원 수업이 있으니 모레 연락해서 만날 날짜를 잡아야겠다〉 생각했는데, 그 〈모레〉는 오지 않았습니다. 그 〈내일 대학원 수업〉에서 비보를 들었기 때문입니다.

학생을 지켜야 한다는 선생으로서의 책무를 다하지 못한 부끄러움은 시간이 흘러도 잦아들지 않았습니다. 오히려 죄책감으로 나를 몰아갔습니다. 학생을 구할 수 있었는데도 그러지 못했다는 생각은 밤이면 그 강도가 심했습니다. 잠이 들려고 할 때마다 놀라 깼으며 새벽에는 집안에 있을 수조차 없었습니다. 숨이 막혀 와 곧 죽을 것 같아 밖으로 뛰쳐나가기도 했습니다. 이렇게 두 주를 보내다 결국 의사를 찾았고 신경안정제와 항불안제 처방을 받았습니다. 약으로 당장의 증세는 사라질 것이고 시간이 가면 해결될 것이라는 의사의 말과 달리 난 근본적인 치료가 필요하다고 생각했습니다. 잊었다고 생각했는데도 방송이나 지면으로 그와 관련된 내용이 나오면 내 의지와 상관없이 내 몸이 움츠러들었기 때문입니다. 그래서 국적 불문하고 수치심을 다룬 서적들을 뒤지기 시작했습니다. 원인을 제대로 알면 근본적인 치료가 가능하지 않겠나 생각하면서 말이지요.

책들이 말하는 요점은 이렇습니다. 〈부끄러움으로 인해 죄의식을 갖게 되는 사람들이 갖는 공통된 요인이 있다. 실제의 자아와 본인이 생각하는 이상적 자아 간의 괴리가 크기 때문이다.〉 실제의 〈나〉와 선생이라는 직분에 요구되는 이상적인 〈나〉 사이의 거리가 멀어, 그 거리를 좁히지 못한 부끄러움이 죄의식으로 치닫는다는 게지요. 이러한 일을 피하려면 과잉 윤리나 엄격한 도덕주의로 자신에게 짐을 지워서는 안 된다고 합니다. 나 역시 결점 있는 인간들 중의 하나라는 것, 모든 면에서 완벽할 수 없는 연약한 인간임을 인정해야 한다는 것입니다. 나 역시 잘못을 저지르고 넘어지기도 하고 실수도 하는 인간이라는 게지요. 세상에 완벽한 인간은 없다는 겁니다. 난 내 자신이 참 부족한 사람이라고 생각하고 있었는데, 어찌하여 내 자신에게 그토록 가혹했는지 모를 일입니다. 아마도 부족하다고 생각했기에, 그 부족함을 메우려 더 많은 것을 내게 강요했던 것은 아니었는지 모르겠습니다. 선생으로서, 부모로서, 자식으로서의 역할을 제대로 해야 한다는 생각에 가족이나 남들 또한 나의 엄격한 잣대의 희생양이 되었을지도 모릅니다.

그리고 책은 말합니다. 〈일어난 사건을 객관적 시선으로 살펴보라.〉 자신의 수치심에 빠져 잘못에만 눈을 두고 사건을 몰아가다 보면 헤어날 수 없는 미로를 헤매게 되고 결국은 사람을 기피하거나, 자기 비하에 빠져 약물이나 알코올에 의지하게 된다고 말입니다. 〈내가 아닌 남은 어땠을까?〉를 믿을 만한 사람들에게 터놓고 이야기하면서 다른 사람들의 관점으로 보려고 노력하라는 게지요. 남에게 이야기하지 못하고 있던 바를 털어놓는다는 행위 자체에 무거운 짐을 내려놓는 효과가 있다는 겁니다.

삶의 지혜에 밝은 산초는 말합니다. 〈실수를 하고 고치는 사람은 하느님도 용서해 주신다지 않습니까요.〉(속편 28장) 아직도 나는 산초의 이 말을 되뇌곤 합니다. 〈이미 지나간 것이기 때문에 이제는 수치스러운 게 아니라는 거지. 우리가 눈으로 보는 현재의 것만이 있을 뿐이야.〉(속편 5장) 〈죽는 날까지 하늘을 우러러 한 점 부끄러움이 없기를 / 잎새에 이는 바람에도 나는 괴로워했다〉는 시인은 얼마나 고통스러운 삶을 살았을지 가늠됩니다.

한쪽 문이 닫히면 다른 쪽 문이 열린다

세월과 함께 잊히지 않는 기억은 없고, 죽음과 함께 끝나지 않는 고통은 없다.(전편 15장)

운이라는 것은 불행 속에서도 빠져나갈 문을 항상 열어 놓지. 불행을 해결하라고 말일세. (전편 15장)

나는 아버지가 없다. 9살 때 부모님이 이혼하셨다. 그래서 몇 년간을 여러 친척 집을 전전하고 결국엔 친척들마저 포기해서 고아원에 들어갈 뻔했는데, 어머니가 우리를 데려가 주셨다. 부유한 집안에서 공주님처럼 자랐던 어머니가 아버지의 사업 실패와 여성 편력 때문에 상처받고 헤어지게 되고, 변변한 직업도 없이 나와 내 동생을 키운다는 게 얼마나 힘드셨을까. 어머니를 생각할 때마다 가슴 한쪽이 묵직하게 아려 오고 너무나 죄송하고 감사하다.

어떻게 살다 보니 시간이 흘러 나는 외고도 졸업하고 서울의 고려대학교까지 오게 되었다. 물론 그 과정에서도 참 힘든 일이 많았지만, 내 짧은 인생을 살아오던 중 최근 몇 년이 아마 내 인생 전체에서 가장 힘든 때가 아닐까? 집안 사정을 생각하면 집 주위에 있는 지방 국립대로 가서 하루라도 빨리 9급 공무원이라도 쳐서 생계를 책임져야 하는데, 당시에는 좋은 학교를 가야지 좋은 직업을 구할 수 있고, 그래야지 우리 집을 먹여 살릴 수 있다고 생각했다. 그래서 결국 서울까지 왔다. 학교는 좋았고, 수업도 좋았고, 스페인을 알아 가니 너무 재미있었다. 하지만 문제는 돈이었다.

나 혼자 힘으로 학교를 다녀야 했다. 대학 들어오고 나서 지금까지 만 2년이 넘는 동안, 정말 죽을 정도로 일했다. 방학 때마다 친구들 한 번 못 만나고 주말도 없이 하루에 12시간 넘게 일해서 다음 학기 등록금을 벌면서 1학년을 보내고, 나의 상황을 해결하기도 힘든데 집에선 어머니마저 아프셔서 작년에는 자의 반 타의 반으로 휴학까지 하게 되었다. 그리고 휴학 1년 동안 일고여덟 개, 많을 때는 열 개의 과외와 아르바이트를 하면서 집의 생활비와 동생 학원비, 그리고 조금씩 모아야 하는 나의 등록금까지 버느라 세 번 쓰러졌다. 죽어라고 일하는데 번 돈을 생활비로 쓰다 보면 남는 돈은 별로 없고, 앞으로 삼 년을 어떻게 버텨 내나 싶어서 밤에 울기도 많이 울었다.

내가 아는 내 주위의 대학생들보다 내가 제일 일도 많이 하고 돈도 많이 벌었는데, 비행기 한 번 타보지 못한 내가 부끄러웠고, 큰소리 뻥뻥 치고 서울까지 왔는데 장학금은 커녕 성적이 너무 안 좋은 내가 한심했다. 2년 넘게 일만 하느라 친구들과의 관계도 다 멀어지고, 여러 가지 일들을 경험해 봐야 한다는 대학생인데 나의 생활은 집-학교-아르바이트의 연속이었다. 정말 많이 힘들었다. 진짜 죽고 싶을 정도로 힘들었다. 나 하나 바라보고 사시는 어머니만 아니면 벌써 몇 번이나 죽었을지 모른다.

그렇게 앞이 보이지 않는 어둠 속에서 시간이 흘렀고, 그 과정에서 성격도 어두워졌다. 지금 당장 돈 벌고 살아가야 하는 일만으로도 너무 무겁고 버거워서, 그리고 뭔가를 꿈꾼다는 것조차 힘들어서 꿈꾸지 못했다. 뭔가를 하고 싶다는 생각이 들면, 하고 싶어지고, 그러려면 돈이 필요하고, 그러려면 여기서 일을 더 해야 하는데, 돈 버는 것 해보고 나니까 돈 버는 게 얼마나 힘든지 알겠고, 도저히 엄두가 나지 않고…… 그렇게 절망 속에 빠져서 울고 지쳐서 모든 걸 다 놓아 버리고 싶었다. 그때 나에게 계속 살아갈 용기를 준 것이 우리 가족, 그리고 책이었다.

『그때는 그때의 아름다움을 모른다』를 보며 내가 지금은 힘들어하고 있지만, 내가 인식하지 못했을 뿐이지 시간이 지나고 되돌아봤을 땐 너무나 아름다운 시기라는 걸 늘 생각하려고 노력한다. 그리고 누구나 다 가시가 있다는 것을. 나의 문제점은, 그 가시만 보면서 힘들다는 사실에만 집착할 뿐 그 가시를 꽃으로 피워 낼 생각을 하지 못했다는 것이다.

나에게 주어진 십자가에 집착하지 말자고, 이 가시를 장미로 피워 내자고 끊임없이 다짐한다. 그리고 막연하고 아득해 보이지만, 그래도 아직 나에게는 꿈이 많다. 해보고 싶은 것들이 많다. 나의 꿈들 중에서 뭔가를 이뤄 내기 전까지 난 억울해서라도 살아야 되겠다. 〈항시 보이지 않는 곳이 있기에 나는 살고 싶다.〉 그리고 〈보이지 않는 곳이 있기에 슬픔을 마시고 산다.〉

이 글은 내 학생의 과제물입니다. 학생은 이 글을 〈각자 사람마다 자신의 마음속의 가시와 자신이 지고 가야 할 십자가와 그리고 자신만의 스토리가 있듯, 나에게도 그런 것들이 있고 그것 때문에 지금까지 여러 가지 일을 겪었다〉로 시작합니다. 스페인 시 수업에서 학생들에게 자기 삶에 특별한 의미로 깃든 시가 있다면, 그 이유와 함께 리포트로 제출해 주기를 요청해서 받은 것입니다. 이 학생은 무사히 졸업했고, 무엇보다 〈네 삶이 다른 사람에겐 자그마한 위로와 살아갈 힘이 될 수 있으면 좋겠다〉는 부탁을 흔쾌히

받아 주었기에 이렇게 올리게 되었습니다.

엄마 대신 밥 짓고 빨래하고 동생 학비와 생활비 벌고 자기 등록금 대느라 다른 애들처럼 대학 낭만 즐기지 못했지요. 다들 떠나는 스페인 언어 연수를 못 가니 또 얼마나 서러웠을까요. 항공료, 외국 체재비, 한국에서의 가족 생활비, 그리고 다음 학기 등록금을 생각하면 정말 그저 꿈으로 남을 일이었습니다. 그런데 이 사정을 접한 후 근로 장학생으로 추천했습니다. 마침 모 기업에서 해외 연수 장학생을 모집했습니다. 인터넷으로 접수를 받는다는군요. 학교 성적은 B학점 이상이어야 하고, 거기에 영어 공인 성적 입력이 필수였습니다. 자격이 안 되는 내 학생은 신청조차 할 수 없어 목젖까지 차오른 설움으로 내게 왔습니다.

〈네 삶 자체가 스펙이다. 직접 회사에 가서 접수시켜라.〉 장학금을 받았습니다. 마드리드 공항에서, 언어 연수지인 살라망카의 토르메스 강가에서 보낸 메일은 감사와 감동의 거대한 물결이었습니다. 자기만을 위한 온전한 자유를 처음 맛본 소녀는 공항 벤치에 앉아 엉엉 울었답니다. 강가에 서서 온몸으로 내리는 비를 맞으며 봇물 터지듯 또다시 눈물을 쏟아 냈답니다. 이게 행복이구나, 이게 감사라는 거구나, 사람이 죽을 이유는 하나도 없구나 하면서 말이죠.

감당하지 못할 시련은 주시지 않는 신은, 정말 한쪽 문이 닫히면 다른 쪽 문을 열어 주시는 것으로 그 시련도 해결해 주시나 봅니다. 아버지가 버리니 할머니가 거둬 주셨고, 할머니가 돌아가시자 친척이 돌봐 주었습니다. 친척이 감당하기 어렵게 되자 병든 몸의 어머니가 맡으셨습니다. 죽자 살자 일해도 못 채울 등록금은 장학금이 도와줬고, 언감생심 연수 비용은 회사가 해결해 주었습니다.

산초의 말마따나 〈죽는 것만 빼고 무슨 일에든 다 방법이 있는 법입니다〉. 가시에 절망하면 오는 건 파멸뿐입니다. 삶 자체가 시련의 영속입니다. 그런데 그 시련을 삶의 박차로 본다면, 필사적으로 노력할 기회가 되는 게지요. 고통을 통하여 삶이 성숙하게 되는 게지요. 신은 스스로 돕는 자를 돕는다고 합니다. 오히려 그 가시에 감사하게 됩니다. 해뜨기 바로 직전이 가장 어둡습니다. 사막에서 여행자는 오아시스를 바로 눈앞에 둔 지점에서 숨을 거둔다고 합니다. 앞이 보일 것 같지 않은 가장 깜깜한 그 순간만 견뎌 내면 시련은 끝나고 행복의 문이 열린다는 게지요.

도전하는 삶

아무리 어려운 모험일지라도 이 일에 도전해
야겠다는 욕망으로 내 심장은 가슴 속에서
터질 것 같네.(전편 20장)

대한민국은 도전의 나라입니다. 초등학교 시절, 내 앞자리 급우 머리에는 이가 오르락내리락 했습니다. 생일이나 되어야 맛볼 수 있는 음식이 달걀이었습니다. 머리카락 잘라 팔아 외화 벌이를 했습니다. 초근목피라는 말이 당연시 되던, 참으로 고단하고 배고픈 시절이 있었습니다. 그 가난의 시절을 지금의 모습으로 바꾼 것은 우리 부모 세대의 피와 땀이었습니다. 나라 사랑, 국민 사랑으로 땅을 일궈 그 수확물을 우리가 누릴 수 있게 해준 분들의 불굴의 도전 정신이었습니다.

『시련은 있어도 실패는 없다』의 주인공이자 〈해봤어?〉라는 말이 상징처럼 된 고 정주영 현대그룹 명예회장이 입에 달고 사신 말씀은 〈진취적인 기상과 불굴의 개척 정신〉

이었습니다. 자전거로 쌀가마 배달 일을 하며 꿈에 도전하게 한 원동력이지요. 자동차 수리 공장으로 창업 전선에 뛰어들었고, 우리나라 자동차 산업의 활로를 연 정신이었지요. 당시 500원짜리 지폐에 그려진 거북선 그림을 보여 주며 조선 공업을 일으킬 외자를 조달한 일은 전설로 회자되고 있습니다.

삼성그룹 창업자 고 이병철 회장의 반도체 투자도 큰 도전이었습니다. 스페인에 수출 시작하면서 거래처 직원들 모아 마드리드에서 교육시켰지요. 교육 받고 나온 스페인 사람들 모두 〈삼숭, 삼숭〉 하며 다녔습니다. 스페인어에는 〈어〉 모음이 없답니다.

LG(구 골드스타)의 창업주 고 구인회 회장 역시 전자 산업의 개척자입니다. 물건 제대로 만들었습니다. 우리 집 골드스타 전자레인지 아직도 잘 돌아가고 있습니다. 1980년대, 마드리드 중심가 옥외 광고판에 적힌 그 두 알파벳은 감동 그 자체였습니다. 지나가던 생면부지 스페인 사람을 붙들고 〈대한민국〉 상표라고 자랑했지요. 우물 안 개구리 되어 싸우는 분들 외국 나가 살아 보면 조국만큼 귀한 게 없다는 사실을 뼈저리게 느끼게 될 것입니다.

우리는 지금 더 많은 도전에 직면해 있습니다. 도전해야 하고 세상이 우리에게 거는 도전에 응해야만 하는 시대에 살고 있습니다. 적절하게 맞서지 못하면 도태되어 과거의 배고픈 시절로 돌아갈 운명에 처해질지도 모릅니다. 젊은 이들의 도전을 종용해 봅니다. 〈그런데 만일 했다 결과가 없으면 어떡합니까? 나이 들면 채용도 안 해주는데요.〉 이렇게 물을 젊은이도 있을 겁니다. 그러면 〈젊을 때의 경험이 절대로 쓸모없는 것은 아니다. 많은 일을 겪을수록 지혜 역시 쌓이는 법〉이라고 답해 줍니다. 그러면서 〈쇳덩어리를 명검으로 만들 정도로 혼신을 다해 일해 본 적이 있느냐. 도전하는 기쁨이 얼마나 큰지 아느냐〉라고 꼰대 같은 질문을 던져 봅니다(스페인어로 〈꼰대〉는 〈백작〉입니다). 〈요즘 누가 그래요?〉라는 답이 돌아옵니다. 지금은 자수성가보다 부모의 도전으로 성취한 부를 물려받은 2세대들이 돈으로 돈 불려 먹는 세상이라 보통인들은 노력할수록 좌절만 더 키운다고 합니다.

돈키호테의 말이 그립습니다. 〈사기도 속임수가 없었고, 진실과 평범함을 가장한 사악한 행동도 없었고, 정의도 말 그대로의 정의. 배경과 이해관계가 정의를 교란하고 모욕하는 일이 없는 시대〉(전편 11장)가 말입니다.

도전은 삶을 풍요롭게 한답니다. 영혼의 청량제라 합니다. 살아 있음에 감사하게 만든답니다. 친구 A는 오십 중

반에 바이올린을 배우기 시작했습니다. 스페인어를 사용하는 나라로 여행하겠다며 남편과 같이 스페인어에도 도전했답니다. 〈바이올린 어렵지 않아?〉라는 질문에 젊어 꼭한 번 도전하고 싶었던 악기였는데, 이제야 가능하게 되었다고, 지금이라도 시작해서 다행이라고 합니다. 얼마 전동호인들로 구성된 오케스트라로 무대에 섰다는 소식을 알렸습니다. 진심으로 축하해 줬습니다. 그 말에 돌아온 반응입니다. 〈묻어간 거야. 나 많이 틀렸어. 시작할 때는 줄에 제대로 활도 못 댔고, 문지르다 보면 팔이 사방으로 춤추기도 했어. 그런데 스즈키 교습서로 시작해서 한 작품하기까지 1년이 걸렸는데, 두 번째 곡을 할 때는 6개월 걸리더라. 다음 곡은 4개월 만에 마스터하겠지? 욕심 안 내고 천천히 하려고 해. 못할 줄 알았는데, 해보니 되더라고. 이 정도라도 하니 그게 어딘가 싶어서 재미가 나. 눈치 안볼 거야. 못하는 건 당연하니까〉 하며 깔깔깔 웃습니다. 그웃음은 「베사메 무초」 완창으로 이어졌습니다. 〈나 스페인어 잘하지?〉 자기 스스로가 대견해 죽겠는지 들뜬 목소리에 난 크게 한 방 먹은 기분이었습니다.

나이 들면 세상 보는 눈이 넓어지고 연륜만큼 마음의 깊이도 생겨 세상 이치에 많이 관대해집니다. 좋은 점이지요. 하지만 한편으로는 삶이 다 그렇고 그런 거지 뭐, 별일 있겠어? 하는 타성에 젖어 그 길에서 조금이라도 벗어나는 일이나 새로운 일에는 먼저 움츠러듭니다. 용기 내어 주변 친구들에게 새로운 일에 나서 보자고 권하지만 다들 길들 여지고 편해진 길에서 벗어나기를 망설이며 나까지 주저 앉게 만듭니다. 〈내가 할 수 있을까, 이 나이에?〉라며 시작 해 보기도 전에 도망부터 가려는 친구도 있습니다. 이런 생각은 반복되다 보면 습관이 되어 버릴 듯합니다. 작은 씨앗으로 뿌려지던 것이 뿌리를 내리게 되면 천성이 되어 버리기 때문이라서 말이지요.

남은 생애를 그저 세월에 밀려 보낸다면 얼마나 지루한 노후가 될까요. 의욕 없는 삶은 삶이 아니니까 말입니다. 도전 없는 삶은 사람을 나약하고 우울하게 만드니까 말입 니다. 이 친구의 소식이 정말 반가웠던 것은 공황 장애와 우울증을 오랫동안 앓아 왔었기 때문입니다. 비상시를 대 비해 약을 챙겨 다니던 그 친구가 〈이렇게 새로운 일에 도 전해 보니 내가 살아 있는 거 같아. 매일매일이 먹구름이 었고 내일이 온다는 게 두려웠는데, 떨치고 나서니 삶은 찬란한 태양이었어. 이런 삶도 있네 했지〉라는 말을 했을 때는 수면 위로 펄떡펄떡 뛰어오르는 물고기를 보는 듯했 습니다.

난 이런 친구가 좋습니다. 자신감을 불어넣어 나를 일어서게 하기 때문입니다. 요즘 치과 가는 일도 두렵고, 새로운 일에 도전은커녕 무슨 일에든 핑곗거리만 찾고 있을 정도라고 하니 친구 왈, 〈그냥 해봐. 뭐든 하려 들면 활력이 생기고 성취하게 되면 자신감이 커져서 내일이 기다려지는 힘이 생기더라. 나 이제 약 없이도 잘 지내〉라고 합니다.

　괴테는 죽기 일 년 전인 여든두 살에 『파우스트』를 완성했습니다. 세르반테스도 죽기 일 년 전에 『돈키호테』 속편을 완성했습니다. 100세의 일본 할머니가 마라톤에 나섰습니다. 프랑스 할아버지는 22세에 그만둔 사이클을 다시 시작하여 105세에 대회에서 완주를 했습니다. 113세의 시리아 할머니가 더 나은 삶을 찾겠노라며 조국을 떠나 오천 킬로미터를 걷습니다. 자신을 넘어서는 끊임없는 도전, 이것이 바로 삶이라고 말해 주는 듯합니다.

40대 이후의 얼굴

산초, 아름다움에는 두 가지가 있네. 하나는
마음이 아름다운 것이고, 다른 하나는 신체
가 아름다운 것이지. 마음의 아름다움은 이
해심과 정직함과 훌륭한 행동과 관대함과 교
양으로 나타나는 것으로 이러한 아름다움에
시선을 돌릴 때 격렬하면서도 훨씬 뛰어난
사랑의 감정이 생기곤 하지.(속편 58장)

〈삶이 그대를 속일지라도 슬퍼하거나 노하지 말라.〉 러
시아의 국민 시인 알렉산드르 푸슈킨의 시이지요. 어릴 때
아버지를 따라간 이발소에서 처음으로 봤던 기억이 있습
니다. 액자 속에 들어 있던 이 시를 글자 공부하듯 읽었을
때였으니 그 의미를 제대로 알 리가 없었지요. 〈삶이 나를
속인데? 속으면 화내야지?〉 하며 혼자 재밌어 했지요. 몇
년 전 어느 날, 무심코 고개를 들다 거울 속 모습에 정말 깜
짝 놀랐습니다. 험악한 인상의 사람이 나를 보고 같이 놀
라고 있었습니다. 동화 속에서나 나올 법한, 마귀할멈이
있다면 바로 저럴 거라고 생각했을 정도로 심술보가 덕지
덕지 붙은 여자가 거울 안에 앉아 있었습니다. 경대 서랍

에서 유학 시절 사진을 꺼내 보았습니다. 연분홍 스웨터가 받히고 있는 모습이 부드럽고 여립니다. 눈가와 입가에 머문 미소가 신선합니다. 거울 속 얼굴과 교차해 보다 링컨 대통령이 한 말이 떠올랐습니다. 〈40대 이후의 얼굴은 본인의 책임이다.〉

내 딴엔 모질지 않게 살아온 것 같은데, 삶이 이렇게도 힘들었나? 생각에 잠깁니다. 〈그냥 내버려 두어도 잘 살 텐데, 왜 이리 간섭이 많지? 지금껏 남에게 폐 끼치지 않고 살아온 것 같은데, 왜 날 가만두지 않는 거야?〉 동료라는 이름으로, 가족이라는 이름으로, 친구란 이름으로, 나를 위한다는 명목으로 던진 말들에 참 많이 시달려 온 것 같습니다. 〈지금 내가 알고 있는 것을 그때 알았더라면〉 하는 회한이 해일로 몰아칩니다. 세상의 이치를 캐는 관점은 사람 수만큼 많고, 그 관점에 대한 해석 역시 사람 수만큼 다양한데, 내 중심 바로 세우지 못하여 남의 말에 휘둘리고, 몰이해라며 안달하고, 편견이라며 억울해 하고, 음해라며 분노한 결과가 바로 지금의 내 모습을 만든 게지요.

왜 〈이 또한 지나가리라〉 하며 억울한 일, 슬픈 일들을 떠나보내지 못하고, 훌훌 털어내 버리지 못하고 평정심을 잃고 가슴에 꽁꽁 붙잡아 매고 살아왔을까요? 내 마음을 다스리지 못해, 독기를 쌓고 살아온 삶의 결과가 보고서마냥 얼굴에 새겨지도록 말입니다. 원인 없는 결과는 없는 법이니 당연한 일이지요. 액자에 넣어 벽에 걸어 둔 말치고 삶의 지혜가 아닌 게 없다는 걸 늦게야 깨달았습니다. 이해하고 용서하며 〈슬퍼하지도 분노하지〉도 말았어야 했는데 말입니다. 삶이란 싸울 것도 미워할 것도 분노할 것도 없다는 것을, 그저 너그럽게 품어 주는 것밖에 없음을 진즉에 알았어야 했는데 말입니다. 외모 가꾸기에 들인 정성의 반의반이라도 마음의 양식을 쌓고 삶의 이치를 깨닫는 데로 돌렸더라면 지금의 모습은 되지 않았을 텐데 말입니다.

요즘은 생소한 이름의 이상한 시술로 나이를 되돌린다고 하지요. 특수 기능 화장품이 값이 비싼데도 잘 팔린다지요. 성형 전문의들이 높은 빌딩 올리고 돈을 다 그러모은다지요. 그런데 이 모든 방법을 다 동원해도 내 얼굴 예전으로 돌리지 못할 것 같습니다. 분노에 데여 마음에 새긴 흉터라 무엇으로도 지울 수가 없을 듯하니 말입니다. 약품이 정신의 상처를 근본적으로 치료할 수는 없으니 말이지요. 아무리 외형적으로 볼품없어도 마음이 아름다운 사람은 얼굴에 빛이 나더군요. 많은 사람들 속에 있어도 훤하게 도드라져 보이더군요. 마음이 아름다우니 행동도 참으로 품위가 있어 보이더군요. 〈오만하지 않은 위엄과 교양 있는 예의 바름〉(속편 32장)으로 드러나더군요. 외형적 아름다움은 언젠가는 시들고 마는 자연의 순리를 좇아가지만, 내면의 아름다움은 시간이 갈수록 무르익어 온화한 얼굴과 기품 있는 행동으로 보여지니 사람의 마음을 감동시키고도 남을 듯합니다.

중학교 시절에 내게 와 세월과 함께 내 마음이 되어 버린, 서정주 시인의 「국화 옆에서」를 어루만져 봅니다. 머언 먼 젊음의 뒤안길에서 무서리를 머리에 얹고도 향기로운 국화로 피어날 수 있다면…… 기품 있는 고요한 아름다움으로 질곡의 삶의 흔적을 지울 수 있다면……. 돈키호테 말마따나 이해하며 배려하고 허욕 부리지 말고 정직하게 살다 보면 소쩍새와 천둥도 그리 되도록 도와주겠지요.

행복을 주는 사람

내 형제 안드레스, 네 불운의 일부가 우리 모
두에게 미치는구나.(전편 31장)

처음으로 유럽 일주를 했던 1985년의 프로방스는 다른
곳과 마찬가지로 그저 거쳐 가는 여정지의 하나였습니다.
유학 시절이라 뭐든 많이 눈에 넣고 보자는 욕심에다 정신
적으로 여유가 없어 수박 겉핥기 여행을 했던 게지요. 결
국 머릿속이 뒤죽박죽되어 제대로 남는 게 없었습니다. 이
후로 여행 자세가 바뀌었습니다. 온전히 느끼는 여행이 되
도록 하자고 말입니다. 그래서 올여름은 알퐁스 도데의
「별」에 나오는 전원과 하늘, 이브 로베르 감독의 「마르셀
의 여름」에서의 수로와 별장, 고흐의 「별이 빛나는 밤」의
삼나무와 「밤의 카페 테라스」의 노란 카페, 그리고 세잔의
단골 메뉴인 생트 빅투아르 산을 꿈꾸며 남부 프랑스 일정
을 보름으로 잡았습니다. 항구의 신선함과 역동, 고즈넉한

시골 풍경과 하늘의 무수한 별, 말이 다녔던 거리와 사랑이 넘치는 사람들 속에서 무한한 낭만과 쉼을 한껏 기대했지요. 하지만 엑상프로방스에서의 이상한 경험으로 그러한 기대는 물웅덩이에 빠진 솜사탕이 되고 말았습니다. 유색 인종과는 엘리베이터 공간도 나누고 싶지 않아 하던 프랑스 백인 여성의 오만함과 객실 흑인 여성 청소원의 적의에 찬 눈빛까지는 그래도 참을 만했습니다. 식당 흑인 여성 종업원의 행동은 도저히 이해 불가였습니다.

라벤더 밭으로 가는 차 안에서 노르망디에서 제과 제빵 기술을 배우기 위해 우리나라에서 온 한 남학생을 만났습니다. 1년 어학연수를 한 뒤 언어 시험을 통과하여 프랑스 정부 지원하에 운영되는 과정에 입학하게 되었다고 합니다. 4개월 수업과 실습에 드는 학비가 1400만 원이라고 했습니다. 언어 테스트를 통과하지 못할 경우는 어떻게 되느냐고 물었습니다. 국가 지원이 없는 사립 기관에서 4개월 수업과 실습 비용으로 4000~5000만 원이 든다고 했습니다. 당일치기로 엑상을 방문한 그 학생의 가방에는 바게트 빵 하나가 포장지에 둘러 있었습니다. 점심이었던 것 같습니다.

엑상으로 돌아오니 오후 6시 30분이었습니다. 저녁을 먹이고 보내자는 마음에 문이 열린 식당의 입간판의 메뉴를 보고 학생을 밖에 세워 둔 채 나만 식당 안으로 들어갔습니다. 보통 큰 규모의 식당은 7시부터 식사를 제공하지만 학생이 노르망디로 돌아갈 버스표를 미리 예약해 놓은 데다 그 식당 문이 열려 있어서 혹시나 이르지만 저녁 식사가 가능하지 않을까 물어보기 위해서였습니다. 앞서 말한 흑인 여성 종업원이 내게 다가왔습니다. 난 〈미안하지만 지금 저녁 식사가 가능합니까?〉 하고 영어로 물었습니다. 그 여성은 내 질문에 대한 대답 대신 그렇지 않아도 큰 두 눈을 부릅뜨고 고개를 오른쪽, 왼쪽 번갈아 돌리며 〈헬로우〉, 〈헬로우〉를 연신 해댑니다. 짧은 불어와 영어로 다시 물었습니다. 〈에스뀌제 무아, 영어할 줄 아세요?〉 이 질문에 대한 답 역시 동물원의 원숭이에게나 할 수 있는 행동으로 답하더군요. 결국 번역기의 도움으로 어눌하게나마 〈에스뀌제 무아, 에스크 즈 뻬 베니어 디네리시?〉라고 묻자 홱 돌아 서며 〈지금 식사 안 돼요〉라고 가래 뱉듯 영어로 던져 버리고 가버립니다.

난 신분, 직위, 인종, 국적, 연령이나 성별 이 모든 것을 떠나 상대에 대한 존중까지는 아니더라도 적어도 최소한의 예의라는 게 인간에게는 있다고 생각하며 살아왔습니다. 직업인에게는 그 직업에 걸맞은 기본 윤리나 자세라는 게 있어야 한다고도 믿어 왔습니다. 가끔 우리나라에서도 염치없이 나를 대할 때면, 말문이 막히고 머리가 하얗게

되곤 합니다. 〈난 아무런 무례를 범하지 않았고 잘못한 것
도 없는데, 이 무슨 꼴을 당하는 거지?〉 이럴 때면 돈키호
테가 한 말로 나를 다독이곤 했습니다. 〈모욕을 당할 수 없
는 자야말로 어떤 모욕도 줄 수가 없다.〉(속편 32장) 명예
를 모르는 자에게 당하는 모욕은 모욕이 아닌 게지요.

역에서 학생을 떠나보내고 호텔 방으로 돌아와 그 종업
원의 행동을 이해하려 한참을 노력했습니다. 문득 어느 신
부님의 강연 내용이 떠올랐습니다. 서로 떨어져 있는 것들
이 이러저러한 힘을 받으면 어떤 운동을 하게 되는지 밝히
는 물리의 양자 역학을 인용한 것이었습니다. 신부님은
〈파동 역학〉으로 설명하셨습니다. 〈세상에 존재하는 모든
물리적 대상에는 상보성이 있다. 서로 간섭되어 나타난다.
그러니 동물이나 식물 심지어 무생물에게도 어떠한 미움
이나 증오가 있어서는 안 된다. 우리 모두는 한 형제이기
때문이다.〉 프랑스 백인 여성의 오만함은 흑인 객실 청소
부들에게 적의를 낳았고 그 적의는 또 다른 유색 인종이자
여성인 나를 조롱하는 것으로 돌아왔던 게지요.

군대에서 우연히 라디오를 통해 나를 접한 후 내 강의를
수강했던 경제학과 학생이 연구실로 찾아왔습니다. 〈선생
님은 늘 행복해 보이세요.〉 그 말을 들은 이후 난 늘 행복
해야 한다고 주문을 겁니다. 학생이 던져 준 그 말의 파장

이 그렇게 큰 줄 몰랐습니다. 정말 내가 행복했는데, 그러한 사실을 모르고 지냈나?, 라고 생각하면 왠지 행복해지기도 합니다. 학생의 그 말에 나는 대답했습니다. 〈네가 나를 행복하게 만들어 주어서 그런가 보다. 넌 행복을 주는 사람이다.〉 이 말에 학생은 자기는 〈행복을 주는 사람〉이라고 생각하고 다닌답니다. 그러니 주위가 행복해지는 것 같아 왠지 가슴이 벅차오르고 자신이 행복해지는 것 같다고 합니다.

앞서 유학생은 저녁을 먹고 돌아갔느냐고요? 네. 프랑스로 출발하기 전 인천공항에서 산 남프랑스 가이드북이 내게 있었거든요. 그 책에 추천된 맛집이 식당 오픈 시간에 제약이 없고 양고기와 그 밖의 요리가 신선한 재료로 다양하고도 푸짐하게 나온다 해서 그곳으로 갔습니다. 늘 그렇지는 않은 것 같았습니다.

4

리더가
되는 법

덕스러운 아버지가 되고 악덕의 의붓아
버지가 되게. 늘 엄하지도 말고 그렇다
고 늘 다정하지도 않은 이 양극단의 중
간을 택하도록 하게.(속편 51장)

독사는 독을,
꽃은 꿀을 만든다

참으로 착한 천성을 (……) 이것이 없다면 어
떤 학문도 소용이 없네 (……) 모든 일들을
제대로 해결해 나가겠다는 뜻과 신념을 늘
확고히 지니고 있으라는 것이네. 하늘은 항
상 착한 소원을 도와주시기 때문이라네.(속
편 43장)

현대 자유주의론의 시조로 일컬어지는 영국의 역사·정
치학자 존 스튜어트 밀의 이론들을 읽다 보면『돈키호테』
에서 얘기되는 것과 상당 부분 유사한 내용을 발견할 수
있습니다. 표현과 방법은 다르지만 개인의 권리와 자유,
공리주의에 대한 논점에서 말입니다. 전체의 행복을 극대
화하기 위해서는 개인의 권리와 자유가 우선되어야 한다
는 게지요.

특히 밀의『자유론』과『대의정부론』을 읽다 보면 민주주
의 체제가 갖는 불완전성은 권력자의 선의의 의지로 극복
될 수 있겠다는 생각을 하게 됩니다. 이는 바로 돈키호테가
주장하는 지도자의 착한 천성과 상통합니다. 아버지 제임

스 밀의 혹독한 교육 덕분에 천재로까지 일컬어지던 스튜어트 밀이 머리를 식힐 때 읽었던 책이 『돈키호테』였다 하니 우연의 일치가 아닐지 모릅니다. 아니면 진리는 어디에서나 통한다는 불변의 진리를 재확인하는 거겠지요.

스페인 사상가 오르테가는 『대중의 반란』에서 다수결의 원칙에 따르는 민주주의 체제를 부정적으로 보았습니다. 대중은 분별력이 없어 당나귀처럼 아무 데서나 발길질을 해대기 때문이라서 말입니다. 사건의 진위를 떠나 감정과 분위기에 휩쓸려 쉽게 정상 궤도를 이탈하기 때문이라서 말이지요. 혹시 오해의 소지가 있을까 드리는 말씀인데요, 오르테가에게 〈대중〉은 프롤레타리아 계급을 말하는 게 아닙니다. 계급이 아니라 기능적인 면에서 이야기하고 있습니다. 자기 전공에는 정통하지만 다른 학문에는 문외한인 교수도 대중이라는 부류에 속합니다. 바늘구멍으로 본 하늘을 세상의 전부라고 우기는 사람들이기 때문이지요.

문명의 이기를 누릴 권리만 내세울 뿐, 그에 따르는 의무는 소홀히 하는 자도 대중입니다. 기술의 발전과 돈의 힘으로 문화를 장악하게 됐지만 자기들이 향유하고 있는 것의 가치를 알지 못하는 자들도 대중입니다. 노력도 않고 재능도 없으면서 모든 것을 누릴 권리가 있다고 믿고, 어디서든 자기네 권리만 강요하려 드는 자들 역시 대중입니다. 글을 읽어도 무엇인가를 배우기 위해서가 아니라 자기가 갖고 있는 지식과 일치하지 않을 경우 단죄하려는 사람도 대중이라고 합니다. 이러한 자들은 끝까지 남을 탓하고, 잘못을 지적해 주면 그 즉시 화를 내어 상대를 가만히 두지 않는답니다. 그러다 보니 이들은 자기가 무엇을 모르고 있는지를 모르게 된답니다. 정치 위선자들이나 선동가들은 이러한 이들의 기분을 맞춰 주고 가려운 곳을 긁어 주어 권력을 잡으려 들지요.

이런 대다수의 사람이 아닌 소수, 즉 오르테가가 말하는 엘리트는 이렇게 해석됩니다. 늘 자신을 연마하여 사회의 이상을 떠받들고 늘 고상한 것을 추구해 나갈 책임 의식을 느끼며 개혁과 진보의 실세로서 행동하는 사람입니다. 늘 긴장된 상태로 사회의 모든 곳에 덕을 고양시킬 수 있는 자로 이들을 지도자라 합니다. 이러한 사람은 창조력을 고취시키고 늘 자기 자신에게 책임을 묻고 의무를 다하는 존재라고 합니다.

사회에는 이러한 소수보다 대중이 더 많은 게 사실입니다. 지금까지의 역사를 보면 정치 역시 소수보다 다수의 힘으로 움직인 경우가 많습니다. 문제가 있지만 우리가 다수결의 원리에 따라 대의 민주주의 체제를 목숨 걸고 신봉해 온 이유는 밀의 의견대로 〈통치자의 선의〉를 믿었기 때문입니다. 모든 일을 제대로 해결해 나가겠다는 통치자의 뜻과 신념의 바탕에 놓인 〈착한 성격이나 성품〉 말입니다. 청렴, 정직, 성실, 겸손이지요.

같은 이슬을 먹지만 독사는 독을 만들고 꽃은 꿀을 만듭니다. 아주 예리한 칼이 요리사의 손에 들어가면 목숨을 살리는 음식이 되어 나오지만 범죄자의 손에 들어가면 목숨을 위협하는 치명적인 무기가 됩니다. 같은 학문을 해도 사람의 성품에 따라 사회에 이로운 게 되기도 하고 독이 되기도 하지요. 선한 사람이 다루는 권력은 세상을 밝히는 횃불이 되지만 악한 자의 수중에 들어간 권력은 세상을 불사르는 화마가 됩니다. 아무리 화려한 겉치장을 둘러도 바르지 못한 자의 본성은 어떻게든 드러나는 법입니다. 초라한 외형을 가져도 선한 자의 인품은 어디서나 빛이 발하기 마련이듯 말이죠.

사고의 틀을 깨기

「머리에 황금 투구를 쓴 기사가 둥근 얼룩무 늬에 거무스레한 말을 타고 우리 쪽으로 오 고 있는 것이 보이지 않는단 말인가?」
「제 눈에 보이는 것은 제 당나귀와 비슷하게 생긴 잿빛 당나귀를 타고 번쩍거리는 물건을 머리에 얹고 오는 사람인데요.」
「그것이 바로 맘브리노 투구라는 거다.」(전 편 21장)

폭풍우가 매섭게 쏟아지는 깜깜한 밤길로 당신은 2인승 자동차를 몰고 집으로 가고 있습니다. 버스 정거장을 지나 가려는데 올 것 같지 않은 버스를 기다리고 있는 사람들이 눈에 들어왔습니다. 세 명입니다. 한 명은 곧 쓰러져 돌아 가실 것 같은 할머니입니다. 또 한 명은 자기 목숨을 구해 줬던 오래된 친구입니다. 마지막 한 사람은 꿈에 그리던 이상 속의 인물입니다. 2인승 자동차인지라 운전자 이외 한 명밖에 더 태울 수가 없습니다. 당신 같으면 이들 중 누 구를 태우겠습니까?

다음으로 넘어가기 전에 생각 좀 해보도록 합시다. 당신을 도덕적인 딜레마에 빠트리는 문제이니 말입니다.

음…… 먼저 연세 높은 어르신을 생각해야겠지요. 곧 돌아가실 수도 있으니 말입니다. 그러니 제일 먼저 구해 드려야 할 분이지요. 하지만 생명의 은인인 친구에게 진 빚을 나 몰라라 할 수도 없을 것 같습니다. 그것보다 당신 인생에 다시 오지 않을, 평생 꿈으로 꾸어 왔던 이상형을 만났는데, 어찌 감히 포기할 수 있겠습니까.

이 질문은 스페인에 있는 글로벌 기업 면접에서 나온 문제입니다. 면접이라는 긴장된 상황에서 200대 1의 경쟁을 뚫고 입사가 결정된 사람의 답은 이랬습니다.

해결책은 아주 간단합니다. 자동차 열쇠를 제 친구에게 주고 어르신을 병원으로 좀 데려가 달라고 부탁할 겁니다. 그러는 동안 전 제가 그려 왔던 이상형과 버스를 기다리며 정거장에 남겠습니다.

보통 사람이라면 위 질문에서 운전자를 바꿀 생각은 쉽게 하지 못할 테지요. 주어진 틀 안에서는 아무리 머리를 굴려도 해결되지 않는 문제가 있다면, 그럴 땐 틀을 깨보십시오. 틀이란 보편성을 갖는 일정한 방식이나 규칙으로 일반인에게나 필요한 것입니다. 경지에 오른 사람은 틀이 필요하지 않습니다. 다른 관점으로 보는 데 익숙해지십시오. 신대륙을 발견한 콜럼버스는 왼쪽을 봤습니다. 다들 오른쪽의 지중해와 인도양을 고집할 때 그의 눈은 대서양으로 향해 있었습니다. 아프리카 북쪽에 위치한 카르타고의 수장 한니발은 눈 한 번 경험하지 못한 아프리카인들을 이끌고 세상에서 가장 혹독한 지형인 알프스를 넘어 로마로 진격해 들어갔습니다. 지중해 건너 바로 코앞에 로마를 두고 말입니다.

돈키호테의 스페인은 모순 덩어리였습니다. 그에게 강요되는 시대의 규정들은 아무런 의미가 없는 것을 넘어 문제투성이로 맞서 싸워야 할 괴물 같은 존재였습니다. 왕이 왜 법이어야 하지? 통치는 왜 귀족만 해야 하는 거지? 종교와 정치가 왜 하나가 되어야 하는 거지? 이렇게 〈왜?〉로 늘 자신에게 물으십시오. 돈키호테는 인간에 대한, 사회에 대한 기존의 틀을 이 〈왜?〉라는 물음을 통해 기발하게 부수어 버렸습니다.

쇄신하라고들 많이 요구합니다. 책상에 붙어 있다고, 밤을 지새운다고 되는 게 아니더군요. 닦달하고, 공포를 일으키면 오히려 정신적, 심리적 피로로 지쳐 버리더군요. 취업한 졸업생들이 연구실에 오면 풀어놓는 이야기가 한 보따리입니다. 1년 동안 어디 멀리 가서 마음껏 놀다 오라고 보내 주고 싶은 마음이 절로 듭니다. 그러면서 내가 한 행동이 떠올라 부끄러웠습니다. 조교나 대학원생들에게 머리에 과부하가 걸릴 만한 과제를 터무니없는 시간 내에 끝내라고 다그쳤던 적이 종종 있었거든요. 그 일이 그토록 급하게 마쳐야 할 일인지 먼저 생각부터 해보지도 않고 말입니다.

그리고 〈내 때는 말이야〉라는 말로 미래를 살아갈 학생들에게 과거의 잣대를 들이댔으니, 학생들이 얼마나 속이 불편했을까요. 요즘 같은 지식정보사회에서는 먹히지 않는 권위로 위세를 떨었으니 말입니다. 실력이나 이해가 아닌 권위를 앞세우던 내 윗분들이 강요했던 방식을 내가 사용하고 있었으니 말입니다. 그런 대우를 받았을 때 나의 지적 능력이나 의욕이 한없이 떨어졌던 것을 잊고 있었으니 말입니다. 이런 틀부터 깨야 할 것 같습니다.

조직과 내가 같이 〈성장〉하고 있다는 생각이 들도록 수평적이며 유연한 문화, 일과 삶이 균형을 이루는 합리적인 자유의 틀을 새로 짜봐야 할 것 같습니다. 각자가 재미나고 흥미로운 일에 집중할 수 있도록 해줘야 할 틀 말이지요. 억지 술 마시며 윗분 기분 맞춰 줘야 할 시간을 자기 계발 시간으로 활용토록 하여 청춘이 소모되고 있다는 생각이 들게 해서는 안 될 것 같습니다. 생각하는 지도자로서 틀을 부수고 새롭게 세상을 보려는 지도자, 사람을 먼저 챙기는 지도자에 대한 이야기가 많이 나오도록 말입니다.

이를 위해 여행과 독서가 도움이 될 것 같습니다. 세르반테스가 고단한 삶을 이겨 내고, 『돈키호테』라는 불멸의 작품을 쓸 수 있게 해준 힘이 바로 여행과 독서였습니다. 그는 이탈리아와 알제를 보고 겪으며 알았습니다. 스페인 각지를 돌아다녔습니다. 길바닥에 떨어진 종이도 주워 읽을 정도로 독서광이었습니다. 『돈키호테』에서는 〈뭔가 좋은 점이 하나도 없는 책은 없다〉(속편 3장)고 합니다. 돈키호테의 꿈은 그의 독서로 잉태되었습니다. 독서는 조급해하지 않는 지적 생활의 기회인 듯합니다. 어디서든, 언제든 좋은 글을 읽어 익혀 두면 마음이 혼란할 때나 옳지 못한 생각에 지배당할 때 마음을 다잡을 수 있는 길잡이도 됩니다. 어려울 때나 슬플 때나 즐거울 때나 평생을 같이할 수 있는 가장 훌륭한 동반자입니다.

여행을 할 때 하루로 일정을 마치는 곳도 있지만 마음에 들면 한 주 정도 머무는 곳도 있습니다. 자동차로 돌아다니기 때문에 여정이 자유롭고 구석구석 살피게 됩니다. 내 것과 다른 문화와 자연을 감상하고 사람들을 만나고, 지팡이나 휠체어의 도움을 받으면서 계단을 오르고 언덕을 넘는 여행자들을 보면 편견이 사라지더군요. 안목도 넓어지더군요. 생면부지의 사람들이 베푸는 친절에 감성이 살찌기도 했습니다. 이렇게 독서와 여행 두 가지를 타인과 자기에 대한 즐거운 탐색의 기회로 삼아 보십시오. 기존의 틀을 깨고 창조적인 발상을 자극하는 데 그만한 것도 없습니다.

리더의 자기 수양

주인이 부주의하면 부하들은 수치심을 잊고
과실을 저지르고 실수를 해도 아무렇지 않게
생각한다.(전편 34장)

리더는 열 가지를 잘해도 한두 가지 부적절한 행동으로
부하들의 믿음을 잃을 수가 있습니다. 남의 좋은 점보다
나쁜 점에 눈을 먼저 두는 게 인간이라서 그렇습니다. 높
은 자리에 있을수록 특히 더 눈에 잘 띄거든요. 경영에서
탁월한 통찰력을 보여 준 현대 경영학의 대부 피터 드러커
는 말합니다. 〈내가 만나 본 리더들 중 절반은 무엇을 해야
할지 배울 필요가 없는 사람들이다. 그들은 무엇을 그만둬
야 할지를 배워야 할 필요가 있다.〉

기업에만 적용되는 말이 아닐 듯합니다. 규모가 크든 작
든, 조직원이 누가 되었든 그 조직에 리더는 있게 마련입
니다. 한 가정에서는 부모가 될 것이고, 학교에서는 선생
님이, 나라 살림에서는 각 부서의 장이 되겠지요. 역사를

거슬러 올라가 보면 본연의 역할을 제대로 하고 인격도 훌륭하여 현왕으로 지금도 칭송받는 왕이 있는 반면, 백성들의 원성 속에 살다 폭군이라는 이름으로 남아, 이름 자체가 치욕인 왕도 있습니다. 인격이 결여된 지도자로 인해 한 국가의 격이나 국민의 품격까지 떨어지는 일도 있습니다. 자기 민족뿐 아니라 인류에게도 엄청난 과실을 저질러 오명으로 기록된 자도 있습니다.

돈으로 양반을 살 수 있었던 때의 이야기입니다. 가마에 앉아 수하들을 거느리고 가던 한 양반이 봄 우물가 버드나무를 보자 잠깐 쉬어 가자며 행렬을 멈춰 세웠습니다. 가마에서 내려 한참 버드나무를 올려다보다 자기도 모르게 중얼거렸습니다. 〈저 잔가지들 꺾어 말려 달여 찜질 하면 내 다리에 난 종기가 사라질 텐데. 약으로 팔면 돈도 되고 말이야.〉 양반 직에 있다고 양반이 되는 건 아니라는 얘기지요. 근본을 가꾸지 않으면, 언제 어디서든 드러난다는 얘기지요.

자리에 오른다고 금방 그 자리에 요구되는 인격을 갖추기는 어렵습니다. 지위를 얻고 나면 더욱더 거드름을 피우고 싶은 게 인간의 천성이라 그렇습니다. 그런데 지위나 권력은 일시적으로 걸치는 외투와 같습니다. 영원히 걸치고 살 수 있는 외투는 없습니다. 그 옷을 벗었을 때 드러나는 모습이 진정 그 사람의 됨됨이입니다. 어느 자리에 있든 본연의 역할을 제대로 하고 그 위에 훌륭한 인격까지 보여 준다면 국민들은 저절로 감화되어 그 사람을 더 높은 자리에 들어 세울 것입니다.

사람 위에 서는 사람일수록 자기 통제를 잘 해야 합니다. 그러려면 늘 깨어 마음을 갈고 닦아 성품과 지식, 도덕을 높은 경지로 올려야 합니다. 가끔 〈내 성격이 이래서……〉라고 하는 사람이 있습니다. 타고난 기질이라며 부모를 원망하기도 합니다. 성격은 고치기 힘듭니다. 하지만 성품은 연마할 수 있습니다. 시간이 걸리긴 해도 조금씩 꾸준히 노력하면 더 나은 사람이 될 수 있습니다. 이기적이고 물질에만 연연하던 산초가 돈키호테를 만나 현명하고 관대한 통치자가 되었듯이 말입니다.

자기 수양이 되어 있지 않은 리더는 자기도 망치고 조직도 망칩니다. 약점이 많은 리더는 아랫사람들의 잘못을 지적할 수 없기 때문입니다. 그리고 자신을 살필 생각은 않고 권력만 바라보는 눈 먼 리더는 늘 자기만 옳다고 하기 때문입니다. 제대로 된 리더라면 먼저 사람을 챙깁니다. 실수가 있다면 그 실수를 책하기 전에 사람을 봅니다. 그 사람이 왜 그런 실수를 하게 되었는지를 우선 살핍니다. 그리고 난 후 책임이 있다면 책임을 묻되, 용서도 생각합니다. 그러니 리더가 되기를 원하는 자는 무엇보다 수신(修身)을 통해 교양을, 성찰을 통해 분별력을 길러야 할 것 같습니다.

나를 버릴 수 있는 용기

통치자에게는 다스릴 줄 아는 지혜와 함께
어떤 일이 일어나더라도 공격하고 방어할 줄
아는 용기가 필요하다는 말일세.(전편 15장)

혹시 「십계」라는 영화를 보셨나요? 모세 역을 맡은 찰턴 헤스턴이 지팡이를 들자 바다가 갈라지고, 이스라엘 민족이 홍해를 건너가던 장면이 기억나십니까? 그런데 성서에는 그렇게 기록되어 있지 않습니다. 하나님이 모세에게 〈손을 내밀어라〉라고 말씀하셨고, 그 말씀에 손을 내밀자 바닷길이 열렸습니다.

난 영화를 보면서 이런 사실을 몰랐습니다. 성서를 읽었어도 그 차이를 알아채지 못했습니다. 『연금술사』의 작가 파울로 코엘료의 다른 책 『흐르는 강물처럼』을 읽다 확인한 사실입니다. 이 책은 길은 그 길을 갈 용기가 있는 자에게만 열린다는 이야기를 하고 있습니다.

스페인이나 중남미에 나가 보면 공항에서부터 대한민

국의 힘이 느껴집니다. 시내로 접어들면 우리나라 기업과 제품 광고판이 여기저기 걸려 있습니다. 차로에서는 우리나라 자동차들이 쌩쌩 달리고 있습니다. 백화점에 가면 우리나라 제품이 일본 제품을 제치고 진열되어 있습니다. 우리나라 스마트폰은 오픈된 진열대가 아니라 유리 박스 안에 귀하신 몸으로 모셔져 있습니다. 내가 유학을 떠났던 1980년대와 비교해 보면 가슴이 벅차오를 일입니다. 경제 규모 세계 10위, 무역 규모 세계 6위. 대단한 나라입니다.

아시아에 집중되어 있기는 해도, 한류로 우리 문화의 위상도 올라갔습니다. 스포츠도 고루 잘합니다. 그런데 동물들도 죽는 순간까지 행복할 권리가 있다며, 그것을 법으로 명시하고 실행하는 나라에 가면 난 기가 죽습니다. 인권이니 부패 지수니 정치에 대해 논할 때면 남은 기마저 사그라집니다. 조국에 대한 자긍심에 상처를 입고, 우리도 머잖아 그들처럼 되리라는 자신감이 흔들립니다. 자신감을 잃으면 약해집니다. 용기는 자신감에서 나옵니다. 자신감은 실력에서 나옵니다. 실력은 기본에 충실해야 쌓입니다. 특강으로 찾았던 모 국립박물관의 관장이 스페인을 일주일 관광하고 왔다며 한 말씀입니다.

〈스페인은 못사는데, 사람들은 당당해.〉

흠, 뭘 보고 못산다고 하셨는지 궁금했습니다. 스페인

국민은 국민답고, 스페인 나라는 나라답다고 생각한 적이 많았는데 말입니다.

스페인 국민은 자기네 나라와 문화에 대한 자부심을 갖고 있습니다. 세계 어느 공항에서도 영어 이외에 들리는 말은 스페인어뿐입니다. 상대방이 알아듣든 말든 자기네 말만 합니다. 말하고 걷는 모습에서 기가 뿜어져 나옵니다. 왜, 그리 당당할까요? 기본과 원칙이 바로 선 나라의 국민은 떳떳하다는 의식 없이 떳떳한 것 같습니다.

100년이 넘은 지하철과 도로, 수천 년이 된 건물은 붕괴된 적이 없습니다. 공무원이나 국립대 교수까지 국가고시로 뽑는데, 기초 공통 과목은 논술입니다. 독서와 성찰을 요구하는 시험입니다. 신념에 따라 당을 선택하고 그 당에서 배우며 성장하여 당수가 됩니다. 국가의 정체성을 대변하는 최고 가치는 정의입니다. 정의 앞에 특혜란 없는 법입니다. 너무 당당하여 오만하게 보일 수 있어 그게 스페인 사람들의 흠입니다.

밖에서 소리 못 치는 사람 안방에서 시끄럽습니다. 괜한 열등감에 본질을 왜곡하는 어깃장을 놓습니다. 자기에게 자그마한 이익이라도 될 성싶으면 금방 비굴해집니다. 스페인어에 cipayo(시빠요)라는 단어가 있습니다. 자기에게 더 많은 이익을 줄 외국 강대국에 나라를 파는 사람을 뜻하는 고약한 말입니다. 자기의 이익을 위해 방산 비리를 저지르는 사람은 시빠요입니다. 대책 없는 낙관론으로 나라와 국민을 위험에 노출시키는 일도 마찬가지입니다. 무슨 일이 있어도 내 것을 지키려 당당히 맞서며 넘어서려는 용기, 거기에 강한 나라, 강한 기업이 있다고 봅니다.

용기란 사전적 의미로 고귀한 가치를 지켜 내기 위해 불의에 맞서는 강인한 정신입니다. 돈키호테는 〈용기란 비겁함과 무모함이라는 극단적인 두 악덕 사이에 놓여 있는 미덕〉이라고 합니다. 〈용기 있는 자는 비겁함으로 내려가 그 한계에 접하는 것보다 무모함으로 올라가 그 한계에 이르는 편이 나을 것〉(속편 17장)이라고 합니다. 돈키호테 자신이 죽음보다 못한 시대의 불의 앞에 당당하게 맞섰던 것처럼 말입니다. 그가 한 일은 조상의 무덤이 파헤쳐져 유골이 다시 화형에 처해질 정도로 무모했습니다. 그런데도 옳은 일이라면 의심 없이 행해야 하는 게 용기입니다. 그럼에도 불구하고 불의에 맞서야 하는 게 용기입니다.

돈키호테는 〈큰 용기는 나쁜 운수도 부수어 버린다〉(속편 10장)고 합니다. 인간이 하늘의 뜻도 이길 수 있는 게 용기라는 의미로 읽힙니다. 그래서 그의 용기는 죽음도 이겼습니다.

리더라면 조직과 수하들을 위하여 자기 한 몸 희생할 용기가 있어야 합니다. 잘되면 자기 덕이고 못 되면 부하 탓하는 리더는 비겁합니다. 돈키호테는 고백합니다. 〈머리가 아프면 수족이 다 아프다.〉(속편 2장) 부하의 아픔을 자기 수족의 아픔으로 여기는 이런 주인을 둔 종자 산초는 늘 주인을 지지합니다. 〈산초는 이 착한 주인의 말을 가슴 아프게 듣고 또다시 울었다. 그러면서 이번 모험이 어떻게 되든 결말을 볼 때까지 주인을 내버려 두지 않으리라 결심했다.〉(전편 20장) 결국 〈주인님과 함께하게 되는 것이 세상에 있는 모든 섬의 통치자가 되는 것보다 훨씬 좋았다〉(속편 54장)라고 고백합니다. 세상의 얄팍한 의리에 가하는 일침이기도 합니다.

야생마들은 물가에 이르면 리더가 제일 먼저 물을 마십니다. 혹시나 악어가 있지 않나 해서 말이지요.

행동한다, 고로 존재한다

이렇게 모든 준비를 마치자 그는 더 이상 자
신의 생각을 실행에 옮길 때를 기다릴 필요
가 없다고 생각했다. 실행이 늦어질수록 세
상이 입을 손실이 크다는 생각에 마음이 급
해졌다.(전편 2장)

말은 믿지 않지만, 일은 믿는다.(속편 25장)

인간관계나 처세에 관한 갖가지 서적들, TV나 인터넷
으로 전해지는 국내외 수많은 강의들에 담긴 내용들을 보
면 어휘나 표현만 다를 뿐 요지는 별반 차이가 없는 듯합
니다. 그런데도 계속 같은 내용이 책으로 쓰이고 전파를
타는 게 신기합니다. 인간이라면 무엇을 해야 하고, 무엇
은 해서는 안 되며, 어떻게 살아야 하고, 어떻게 죽어야 하
는지 모르는 사람 없을 것 같은데 말입니다.

법전을 파는 데 인생을 바친 법조인이 정말 정의를 몰라
서, 올바른 일이 무엇인지 몰라서 정권에 휘둘리고 불의를
저지르는 걸까요? 정치인이 나라의 번영과 국민의 행복을
위해 마땅히 해야 할 바가 무엇인지를 몰라서 사회를 분열

시키고 나라를 쇠락의 늪으로 빠뜨리는 걸까요? 고집 대신 대화와 토론으로 머리를 맞대면서 정책으로 경쟁하고 실행으로 경쟁해야 한다는 바를 몰라서 대중의 분노에 올라타고 대중을 부추기는 걸까요? 사람을 해치면 안 된다는 진리를 몰라서 숱한 범죄가 일어나고 있는 걸까요? 종교인은 참된 삶에 대한 가르침을 몰라서 미사를 드리고 설교나 설법을 들으러 열심히 교회와 성당과 절을 찾는 걸까요?

모를 수도 있겠지요. 아직 나이가 어리거나 경험과 지식이 부족한 사람이라면 말입니다. 그렇지 않다면 소크라테스나 아리스토텔레스가 말한 대로 제대로 알고 있지 못하기 때문일 수 있습니다. 단순한 지식으로나 정보 취득 차원에 그쳐, 온전히 자기 것으로 흡수하지 못했기 때문일 것입니다. 아무리 좋은 음식을 먹어도 제대로 소화하지 못하면 살과 뼈가 되지 못하듯이 말이지요.

진정으로 제대로 알고 윤리적으로 단단한 사람이라면 옳다고 생각하는 바를 행동으로 옮기지 않을 리 없습니다. 〈이름값 좀 해라〉, 〈자리값 좀 해라〉는 말 많이 듣습니다. 산다는 것은 자신의 생각을 실현하기 위해 행동하는 것이며, 자기 직위와 신분에 따라 마땅히 행해야 할 바가 있는 것이니 정신 좀 차려 제대로 실천하라는 독려로 들립니다.

세상에는 네 부류의 사람이 있습니다. 첫째, 말은 청산

유수인데 행동이 없습니다. 둘째, 말도 없고 행동도 없습니다. 셋째, 말은 없지만 행동으로 보입니다. 넷째, 말도 하고 행동도 보입니다. 여기서 가장 지구 밖으로 내보내고 싶은 사람은 말만 하고 행동이 없는 사람입니다. 이런 부류의 사람들 얼마나 차지게 말 잘하는지 모릅니다. 평화, 정의, 복지, 모두 자기가 세상에 내릴 것 같습니다.

인간의 도리를 아는 사람은 말하기 전에 행동하고 행동에 맞춰 말을 합니다. 위대한 사람의 말은 겸손하고 행동은 남보다 뛰어나다고 하니 말입니다. 행동은 실제이고 말은 장식이라서 그렇습니다. 말은 신분이나 직위나 권위이고 행동은 이 모든 것을 벗어던진 사람 본연의 모습과도 같습니다. 진짜 사람은 말이 아니라 행동에 있습니다.

약한 자, 가난한 자를 돕기 위해 운명이 부여하는 그 어떤 모험에도 내 힘과 내 한 몸을 내던질 굳은 결의를 품고 모험을 찾아 이런 고적한 들판을 헤매고 있는 것이라오. (전편 13장)

돈키호테는 앎을 행동으로 옮기는 실천적 지혜를 보여주고자 합니다. 왕의 비호 아래 편하게 궁정에서 사는 기사나, 공작의 집에서 이래라 저래라 말로만 지시하는 종교인이 아니라, 〈세상이 주는 안락함을 찾는 대신 혹독한 시련을 통해 불멸의 자리에 오를 일을 행동으로 옮기며 이러한 일을 떠받드는 자〉(속편 32장)로 살고자 합니다. 이런 돈키호테를 보며 공작 성의 무능하고 오만한 성직자는 그가 〈죄인〉에 〈멍청하고〉 〈미쳤다〉고 합니다. 진정 〈죄인〉이고 〈멍청이〉이며 〈미친 자〉는 누구인가요?

행동으로 옮기는 일 쉽지 않다는 것 누구나 경험으로 알 테지요. 돈키호테처럼 굳게 마음을 먹어도 쉽사리 되지 않습니다. 그래서 〈시작이 반〉이라고 격려하나 봅니다. 일단 시작하면 나머지는 쉬워지지요. 아우구스티누스의 『고백론』을 읽어 보면 인간은 성스러운 것에 대한 염원으로 보다 선하고 의미 있는 삶을 살고자 하는 욕망이 있다고 합니다. 동시에 본성상 자연스럽게 악을 좇는 성향이 있다고 합니다. 죄를 지을 뿐만 아니라 죄에 매료당한다고 합니다. 그래서 시작하기에는 욕망하는 선한 일보다 타고난 성향인 나쁜 짓이 더 어렵지만, 그런데 일단 시작하고 보면 나쁜 짓 하기가 더 쉬워집니다. 의지나 자제력은 단속하기보다 풀어놓는 게 더 쉽거든요. 제어 장치가 풀리면 끝 모르게 추락하는 게 인간이라는 게 뇌 과학자들의 이론이지요. 그러니 나쁜 일은 시작부터 해서는 안 된다고 어른들은 가르치나 봅니다.

돈키호테를 생각만 많고 실천이 없는 햄릿과 비교하면서 막무가내 풍차로 돌진하는 무모한 행동가라 합니다. 행동하기 전에 생각하지 않고, 결과에 대해서도 상정해 보지 않는다면서 말이죠. 아닙니다. 돈키호테는 머리가 돌 정도로 기사소설을 읽었습니다. 그의 머리는 기사소설 세계에 대한 지식으로 가득합니다. 따라서 보는 것마다 모두 기사소설 세계로 바뀝니다. 그러니 그는 자신의 지식을 믿고, 그 믿음과 자신이 이루고자 한 뜻에 기대어 행동으로 옮긴 것이지요. 거기에다 서두 인용문에서 보았듯이 행동을 위한 만반의 준비도 끝냈다지 않습니까. 그런 그가 〈저건 거인이 아니라 바람의 힘으로 돌아 밀을 빻는 풍차〉라는 산초의 만류를 듣고 주저앉을 수 있었을까요? 그랬더라면 그의 꿈은 시작부터 무너지고 말았을 것입니다.

결과에 연연하여 계산부터 하게 되면 어떤 일도 행동으로 옮길 수가 없게 되지요. 진정 역사를 만든 건 이론가가 아니라 행동가들이었습니다. 진정한 비극은 원하는 바를 행동으로 옮기려 해도 할 수 없을 때 일어납니다. 잘못되어 가는 것을 보면서도 바로잡을 수 없을 때 말이지요. 그래서 돈키호테는 이러한 메시지를 줍니다. 〈당신이 할 수 있는 몫만 하라. 씨를 뿌린다면 역사가 그것을 거두어들일 것이다.〉

말로 서고, 말로 망한다

이것은 정말이지 자네와 나의 큰 실수라네.
자네의 잘못은 나를 존경하지 않는다는 것이
고, 나의 실수는 좀 더 존경받을 짓을 못 했다
는 것일세.(전편 20장)

돈키호테는 자신의 종자 산초의 착한 품성을 인정하고
그 됨됨이를 사랑합니다. 아직 부족한 산초는 주인에 대한
예의를 다하지 못하는 경우가 있습니다. 그럴 때 돈키호테
는 현명한 인간관계에 대해 조언합니다. 아랫사람은 윗사
람을 존경해야 하고 윗사람은 존경받도록 해야 한다고 말
입니다. 그러면서 서로 예의를 다하는 것이 서로로부터 존
경을 얻는 법이라고 일러 줍니다.

대학에 처음으로 부임한 날, 선배 교수가 해준 말씀이
여태 기억에 있습니다. 〈학생과 선생은 고슴도치 관계여야
합니다. 너무 가까우면 서로를 찌릅니다. 너무 멀어서 소
원해져도 안 됩니다. 적당한 거리를 유지하십시오.〉 친근
감이 도를 넘으면 존경심이 사라지니, 교수는 학생에게 사

랑보다 존경을 받도록 처신해야 교육이 된다는 요지였습니다. 조직에서 영이 서려면 상사는 부하로부터 존경받아야 합니다. 돈키호테는 존경받는 방법을 기회가 있을 때마다 산초에게 상기시켜 줍니다.

〈어떤 종류의 것이 되었든 잘난 척하는 것은 나쁘네〉(속편 43장), 〈어떠한 경우에서라도 상대를 모욕하지 말고, 늘 인정과 자비를 베풀도록 하게〉, 〈거칠고 촌스러운 습관을 없애 주도록 하게〉, 〈업무에서 엄격하되 온화함과 부드러움을 잊지 않아야 하네〉, 〈개인적인 감정으로 인해 눈이 멀어서는 안 되는 법〉, 〈누군가 자네를 보러 오거든 맞아들여 대접하고 즐겁게 해줘야 하네〉, 〈험담하지 말게〉, 〈말로써 학대하지 말게〉.(속편 42장)

존경을 받고 싶다면 무엇보다 말을 조심하라고 누누이 이릅니다. 소크라테스는 말합니다. 〈무슨 말이든 해라. 그러면 내가 너를 이해할 수 있을 것이다.〉 말이 사람의 모든 것을 드러낸다는 게지요. 어느 날 아테네의 한 남자가 아들을 데리고 언술로 올바른 삶을 성찰했던 정치철학자인 이소크라테스를 찾았습니다. 자식놈이 제대로 말하는 법에 대한 가르침을 받도록 말입니다. 이소크라테스는 교육에 대한 대가로 다른 사람들보다 두 배나 많이 요구했습니다. 아버지는 발끈하며 그 이유를 물었습니다. 이소크라테스는 대답합니다. 〈자네 아들은 입만 열었다 하면 남을 능멸하는 말만 하더군. 그러니 먼저 입을 다무는 법을 가르친 다음에 제대로 말하는 법을 가르쳐야 하지 않겠는가.〉

상대를 깔보고 욕되게 하는 말은 가슴에 못 박는 일입니다. 못을 빼내도 상처 난 구멍은 메워지지 않습니다. 빈정거림이나 독설은 심장을 도려내는 일입니다. 아픔은 좀처럼 회복되지 않습니다. 〈비난을 할 때라도 신랄함보다 부드러움 위에 훨씬 더 안착된다〉고 돈키호테는 일러 줍니다. 공들여 세운 탑이 말 한마디로 무너집니다. 세상만사 모두 말로 서고 말로 망합니다.

〈사람 위에 사람 없고 사람 밑에 사람 없다.〉 어머니가 곧잘 하시던 말씀입니다. 구걸하러 온 사람에게 한상차림으로 대접했던 외할아버지를 닮은 듯합니다. 어릴 때 어머니가 자주 입에 올리시던 〈문둥이 콧구멍에서 마늘을 빼먹는 일은 하지 말라〉는 말의 의미를 그때는 잘 몰랐습니다. 욕심이 사납고 남의 것을 탐하여 구차하게 구는 사람을 이르는 말이더군요. 요즘 여지없는 갑질과 통합니다.

난 〈갑〉과 〈을〉이라는 표현을 출판사와 계약할 때 처음으로 접했습니다. 부르기 편하도록 계약자와 피계약자를 지칭하는 것으로 알고 있었습니다. 그런데 언제부터인가 〈갑〉이란 단어 뒤에 도구를 가지고 하는 일을 뜻하는 〈질〉

이란 접사가 붙었습니다. 이 접미사 〈질〉에 직업이나 직책을 비하하는 뜻이 더해지면서 덩달아 나도 〈선생질〉 하는 사람이 되어 버렸습니다. 약자라고 함부로 해도 된다고 생각하면 안 됩니다. 〈고양이도 쫓기고 갇혀 곤경에 빠지면 사자가 되는 법〉(속편 14장)입니다. 돈키호테는 말합니다. 〈하늘은 어느 누가 되었든 간에 자기가 만든 것을 멸시하는 것을 좋아하지 않는다.〉(속편 42장)

1980년대 초, 스페인에 살면서, 방학 때마다 유럽 선진국들을 돌아보면서 인상 깊었던 한 가지가 있습니다. 어린아이 어른 가릴 것 없이, 장소 시간 불문하고 장애인들을 대하는 따뜻하고 편견 없는 모습이었습니다. 놀이터에조차 함부로 나가 놀지 못하는 장애 아동과 그 부모를 죄인 취급하는 우리나라와 비교돼 나에겐 신선한 충격이었습니다. 남을 위하는 데는 많은 노력이나 돈이 들지 않습니다. 온정과 인간애를 갖고 대하면 사람들은 같은 식으로 되돌려 주는 경우가 많습니다. 불편한 사람에게 한 번의 부축이, 의사의 따뜻한 말 한마디가, 목마른 사람에게 한 잔의 물이, 지친 사람에게 한 알의 사탕이 주는 소소한 감동이 당신을 존경하게 만들 것입니다.

누구나 성공하는 인생을 살고 싶을 테지요. 그런데 그 성공이라는 게 뭘까요? 유명세를 얻고 더 많은 권력을 쥐고 더 많은 사람들의 인정을 받는 데 있는 것일까요? 그렇다면 남들보다 더 많이 갖고 더 많이 누리며 인정을 받도록 노력해야지요. 단 목표지상주의의 함정에 빠지지 않도록 늘 경계해야 할 것입니다. 남을 밟고 상처 주며 얻은 성공 뒤에 남는 게 주변의 증오뿐이라면, 그것을 성공이라 할 수 없겠지요.

그리고 만일 당신이 진정한 성공을 이루었다는 생각이 든다면 당신은 큰 은혜를 받은 것입니다. 돈키호테는 말합니다. 〈오 산초! 자네가 받은 이 은혜가 자네에게 합당하고 당연한 것이라고 생각하지 말게.〉(속편 42장) 당신의 성공이 혼자만의 노력으로 된 것이 아니라는 게지요. 남에게 받은 은혜를 잊지 않는 사람은 의리가 있는 사람으로 훌륭하다는 찬사를 듣습니다. 그러니 당신이 거머쥔 것을 남에게도 마음을 담아 나눠 주면 사람들의 마음까지 얻게 될 것입니다.

지위가 높은 사람은 선한 일을 하기가 더 쉽습니다. 그러면 사람들로부터 인정보다 더 중요한 존경을 받게 되겠지요. 존경받으며 기품 있게 사는 삶보다 훌륭한 성공은 없을 듯합니다.

훌륭한 희망이 보잘것없는
소유보다 낫다

〈두 개 줄게〉라는 말보다 하나 잡는 게 더 가
치가 있다고도 했습니다요.(속편 7장)

나는 〈이익〉, 나로 인해 선한 일 하는 자 많지
않고 나 없이 일을 하는 건 대단한 기적이
라.(속편 20장)

어릴 때 두 가지 이유로 심부름을 했던 것 같습니다. 먼
저 〈우리 아기 참 착하지. 얼마나 착하고 예쁜지 몰라. 부모
말씀도 잘 듣고〉라며 일을 시켰을 때입니다. 그런 칭찬에
으쓱해지며 기분 좋게 일하지 않을 아이 없겠지요. 즉 마
음을 감동시키면 사람은 움직입니다. 다른 하나는 봉사에
대한 대가가 따를 때입니다. 심부름하고 오면 거스름돈의
일부를 챙겨 주시거나, 맛있는 간식을 주셨기 때문이지요.
　이렇게 사람을 움직이는 힘은 이익입니다. 이익이라면
정신적으로나 물질적으로 보탬이 되는 것을 말하지요. 정
신적인 보탬이라면, 사기를 진작시키기 위한 응원과 독려
와 칭찬입니다. 마음을 키우는 힘이지요. 그런데 사람들은

무엇보다 물질적 지원만 한 게 없다고 합니다.

통치학이라는 새로운 학문을 탄생시킨, 기원전 3세기 한나라의 한비자는 인간은 사랑이나 배려나 의리나 인정으로 움직이는 게 아니라 오직 물질적 이익으로만 움직인다고 합니다. 그러니 부하의 사기가 떨어져 보인다면 자그마한 보너스로 위력을 발휘할 수 있게 할 필요가 있다는 게지요. 반대로 정신적으로나 물질적으로 손해 볼 일 있으면 역시 사람이 움직이겠지요. 명예가 훼손되거나 재산을 잃게 될까 봐 말입니다.

그러니까 지도자는 상과 벌을 제대로 관리할 줄 알아야 한다는 말로 나아갑니다. 상과 벌만큼 인간을 장악하는 건 없어 보이니 말이지요. 제대로 일한 사람 상 주고 못한 사람 벌주는 거 말입니다. 겉치레로 눈속임한 성과나, 다 차려 놓은 밥상에 숟가락만 올린 사람에게 상 주고, 훌륭한 결과로 나타날 일이지만 당장 이익이 눈에 보이지 않는다고 벌하는 일이 없도록 살펴야겠습니다. 그리고 분별없이 벌과 상을 남용하면 제대로 일하고자 하는 사람 없어지고 말 것입니다. 오히려 상실감만 키우게 되겠지요.

산초 역시 주인이 정복한 섬을 주겠다는 약속을 믿고 종자로 나섭니다. 주인의 잇단 실패를 보며 좌절한 그는 먼저 봉사료를 정산하지 않으면 주인 곁을 떠나겠노라며 계산부터 하자고 합니다. 집을 떠나와 주인을 따라 다니느라 남겨진 가족에게 뭔가 눈에 보이는 이익이 없으면 안 될 일이라고 주운 돈까지 챙겼거든요. 〈두 개 줄게〉라는 말보다 하나 잡는 게 더 가치가 있다는 논리로 말입니다.

그런데 돈키호테는 이렇게 타이르지요. 〈훌륭한 희망이 보잘것없는 소유보다 낫다.〉(속편 7장)

부하들의 열정과 도움으로 큰 성과를 이루었다면 당연히 나눠야 되겠지요. 하지만 돈키호테처럼 아직 성과가 없는데, 산초처럼 부하들이 자꾸 자기 몫을 달라 하면 어떻게 해야 할까요? 주인은 모험에서 얻은 결과물이 없는데, 종자가 자기가 행한 봉사에 대한 대가를 계산해 달라고 하면 어떻게 해야 할까요? 서로 양보하고 도와 더 큰 몫으로 나눠 가질 희망이, 당장 가질 수 있는 보잘것없는 소유보다 더 낫지 않을까요?

물론 이 말에 공감 못 할 분도 있을 것입니다. 〈헌신했더니 헌신짝처럼 버려지더라〉고, 거창한 비전으로 일할 것을 독려해서 열심히 일했더니 그 대가를 제대로 챙겨 주지 않더라고 어이없어 할 분 있을 것입니다. 그렇습니다. 열심히 일해서 얻은 결과가 있는데도 그 몫을 나눠 주지 않는다면 순박한 사람 등쳐 먹는 아주 비열한 짓이지요. 그런데 나눠 먹을 성과가 없다면요?

돈키호테는 산초에게 정리합니다. 종자가 주인의 뜻에 따라 주인이 겪을 운을 같이 겪고 싶지 않다면 더 말 잘 듣고 더 열심히 하되 서툴지도 않은 종자로 대신하여야 하니 떠나라고 말이죠. 편력기사의 종자에게 요구되는 모든 자질을 갖추고 있는 자는 많다면서 말입니다.

조직은 운명 공동체입니다. 지도자는 조직이 위기에 직면할 때면 모든 책임을 질 수 있는 사람이어야 하고, 당연히 그에 걸맞은 능력과 힘을 발휘해야 합니다. 부하라면 그런 지도자를 믿고 따름으로써 분발하고 작은 힘이라도 보태야 합니다. 그래야 서로 더 많은 것을 얻을 수 있습니다. 지도자나 부하나 당장의 이익에 눈이 어두워 각자의 몫을 챙기고자 한다면 그 조직은 망하고 말 테니, 둘 다 얻을 게 하나도 없게 되겠지요.

돈키호테와 같이 다닌 산초는 갈수록 모든 면에서 돈키호테를 닮아 갑니다. 산초가 변합니다. 〈치사한 소유보다 훌륭한 희망이 더 낫다는 겁니다요.〉(속편 65장) 욕심에 눈이 먼 근시안적 자세가 아니라, 호혜와 협력으로 양보하고 희생함으로써 몸담고 있는 조직이 한 뼘 더 성장할 수 있다면, 명예가 조금이나마나 더 높아질 수 있다면, 그래서 나라가 좀 더 잘 살 수 있게 된다면 그게 결과적으로 더 큰 이익이 되는 게 아닐까요?

당신이 그들의 꿈입니다

나리와의 대화가 저의 바짝 메마른 불모의
땅에 뿌린 거름이었습니다. 경작은 제가 나
리를 모시고 나리와 대화를 나누며 보낸 세
월이었습니다. 축복받는 결실을 원합니다.
그 결실은 나리의 훌륭한 가르침의 길로부터
벗어나지 않는 것입니다.(속편 12장)

　　당신을 위해서라든가 회사를 위해서라고 말하지 말고
〈세상을 구한다〉는 거창한 꿈을 갖게 하라. 보스가 어떤 꿈
을 꾸고 어떤 목표를 제시하느냐에 따라 사운이 갈린다.
2010년 미국 전기차 회사 테슬라가 자금난으로 도산 직전
까지 가며 직원들이 동요하자 일론 머스크 CEO는 전 직원
에게 이메일을 보냈다. 〈나를 위해 일하지 마시고 지구의
미래를 위해 일하세요.〉

　　신문에서 읽었습니다. 멋지고 거창한 꿈에 대한 기사입
니다. 보스는 꿈이 있어야 하고 부하들 역시 꿈을 갖도록
비전을 제시해야 합니다. 돈을 얼마나 부었느냐가 아니라,
어떠한 비전이 주도했느냐에 따라 사업의 성공 여부가 갈

린다고 합니다. 난 여기서 더 나아가 부하들이 보스 같은 사람이 되는 꿈을 비전으로 삼았으면 합니다. 돈키호테로 인해 산초가 꿈을 갖고, 그를 자기 꿈의 주인으로 삼는 것처럼 말입니다.

얼마 전 아메리카 100주년 축구 대회가 있었습니다. 결승전에서 아르헨티나와 칠레가 맞붙었습니다. 결국 승부차기로 우승자를 가리게 되었습니다. 스페인 프리메라리가 통산 최다 득점자이자 역대 최다 발롱도르(황금의 공이라는 뜻) 수상자인 메시가 첫 번째 주자로 나왔습니다. 실축했습니다. 그의 얼굴을 덮었던 회환과 실망과 자책의 표정은 결국 〈저 국가 대표 안 할래요〉란 말로 이어졌습니다. 스페인은 메시의 탈세 문제로 몇 년 전부터 시끄러웠습니다. 그가 어릴 때 앓았던 희귀병을 희화화해서 많이들 놀렸습니다. 〈난 몰라요. 아빠, 아빠가 다 알아서 했어요〉라는 말이 한동안 모든 매체를 뒤덮었습니다. 가난한 아이들을 위한 미담이 더해져 멋진 외모가 더 부각된 호나우두와 비교되기에 메시 안티 팬들이 많습니다.

하지만 조국인 아르헨티나는 그가 국가 대표 은퇴 운운한 후 발칵 뒤집어졌습니다. 초등학교 선생이 보낸 편지가 인터넷 검색 순위 1위에 올랐습니다. 〈아마도 이 편지를 읽지 않을지도 모릅니다〉로 시작하는 이 글은 축구 팬으로서

가 아니라 아르헨티나의 한 여교사로서 쓴 것이라고 말을 이어갑니다. 정리합니다.

　나는 학생들에게 당신이 얼마나 멋진 축구를 하는지를 가르치지 않습니다. 그렇게 할 수 있기까지 당신이 얼마나 많은 피와 땀을 흘리며 연습했는지를 말해 줍니다. 어릴 때 성장 호르몬 결핍증이라는 희귀병을 앓은 당신이 겪었을 말 못 할 고통보다 그 고통을 이겨 내고 지금 당당한 선수가 된 모습을 보도록 한답니다. 승리의 가치를 맛보게 하려는 게 아니라 패배의 가치를 통해 성장하는 가치를 중하게 여기라고 일러 준답니다. 이기는 것만이 유일한 가치가 아니라고요. 결과에 관계없이 좋아하는 일을 하면 진정 행복할 수 있다고 가르칩니다.

세계 명문 구단에 진출해 있는 중남미 출신 축구 선수들은 단지 그냥 축구 선수만이 아닙니다. 아무리 노력해도 기득권층으로 진입할 수 없는 사회에서 돈과 명예를 동시에 누릴 수 있게 하는 위대한 꿈입니다. 스페인이 중남미를 식민지로 만든 이후 그 땅으로 건너간 백인들 사이에서 태어난 끄리오요들의 후손들이 현재 중남미를 장악하고 있습니다. 식민지 당시 이들의 선조들은 스페인 본국의 중앙 집권 강화 정책으로 자신들의 야망을 신대륙에서 누리지 못했습니다. 신대륙에서 끄리오요들이 힘을 키우면 본국에 화를 초래할 수 있다고 본 스페인은 이들의 힘을 무력화하기 위해 이들이 운영하는 농장의 노동력인 인디오들을 빼앗고 이익이 될 만한 직책은 모두 스페인 본토 출신들에게 맡겼기 때문입니다.

그러다가 17세기 스페인 본국의 경제가 악화되자 그 어려움을 해소하기 위해 스페인은 관직을 팔았고, 돈은 있으나 권력이 없던 끄리오요들은 대부분의 요직을 사들였습니다. 여기에 힘 있는 자들과 혼인을 통하여 혈연관계를 형성하고, 본국에서 파송된 적은 월급의 관료들까지 돈으로 자기편으로 끌어들이면서 막강한 네트워크를 형성해 나갔습니다. 그 결과 그렇게 구축된 인적 네트워크 안에 들지 못하는 사람들은 아무리 능력이 뛰어나고 명석한 머리로 대학까지 졸업한다 해도 가난의 대물림 속에서 삶을 견뎌 내야만 한답니다. 기득권자들이 그렇지 못한 자들의 꿈과 희망을 먹어 버리는 하마로 존재하고 있는 게지요.

이 대목에서 돈 없고 백 없는 우리나라 보통 국민들이 떠오르는 건 우연일까요?

중남미에 견고하게 구축된 인적 네트워크와 우리나라의 끼리 문화가 별반 달라 보이지 않습니다. 평범한 사람들이 들어갈 자리가 보이지 않으니 말이지요. 그 결과 국가는 쇠락하고 사회는 썩고 개인은 분노합니다. 더욱 안타까운 일은 비상한 사람들이 그 비상한 머리로 권력을 사유화하며 끼리끼리 배를 채우는 동안 보통 사람들의 꿈이 점점 사라지고 있다는 겁니다.

꿈을 잃는 건 죽음과 진배없습니다. 돈키호테가 꿈을 놓아 버리자 죽음이 찾아왔던 것처럼 말입니다. 물질에만 연연하던 산초가 죽어 가는 돈키호테 머리맡에서 다시 일어나 모험을 떠나자고 울부짖듯, 어린아이들이, 청춘들이 그들처럼 되고 싶다는 꿈을 꾸게 할 수 있어야 합니다.

언젠가 힘 있는 자들도 기득권을 내려놓고 물러날 때가 옵니다. 영원한 권력과 영화란 없는 법이니까요. 그리고 이 세상 모든 것을 남겨 두고 이별할 때도 분명 찾아옵니다. 그때 그들을 꿈꾸며 산 사람들이 그 자리를 대신할 수 있을 때, 그들의 존재는 진정 찬란한 빛을 발하게 될 것입니다.

지도자의 조건

「주인님은 모르시는 게 하나도 없으세요.」
「편력기사란 모르는 것이 없는 법이고, 또 모르는 것이 있어서도 안 되는 법일세.」(전편 18장)

전답을 몽땅 팔아 구입한 기사소설을 탐독하다 머리까지 돌 정도가 된 돈키호테는 기사가 해야 할 일에 정통합니다. 작품 속 하인이 몇 번 등장하고, 그 하인이 말하는 횟수가 몇 번이 되는지까지 꿰고 있을 정도니 말입니다. 자기가 하는 일을 너무나 잘 알고 있었기에 주위의 모든 사람들이 자기를 두고 미쳤다고 놀려 대도 하고자 하는 바를 확고하게 밀고나갈 수가 있었습니다. 그런데 예일대 정치학과 명예 석좌교수인 로버트 달은 자신의 『민주주의』에서 법과 정책에 관한 결정 권한을 갖고 나라를 잘 통치하기 위해서는 지식 그 이상이 필요하다고 강조합니다. 그것을 〈능력〉이라는 용어로 설명하고 있습니다. 〈청렴함과 어떠한 유혹에도 맞설 수 있는 확고한 저항 의식과 헌신 정

신이다.〉

　보직을 맡아 달라고 총장이 삼고초려 했던 선배 교수가 있습니다. 그분의 말씀이 멋집니다. 〈내가 평생 한 짓은 내 전공 책 본 일밖에 없다네. 그런데 어떻게 행정 일을 보겠는가?〉 정부의 호출을 받은 다른 분은 이렇게도 말씀하셨습니다. 〈내가 미국 명문대 박사 학위를 갖고 있기는 해도 그건 내 학문에게 주어진 것이지 나의 실무 능력에 주어진 게 아니라네. 내 전공 지식이 필요하다면 언제든 물어보게.〉 전공과 관계없는 정부 일을 보다 온 교수도 있습니다. 인덕이 있는 사람이라 인맥이 좋다고 알려져 있었습니다. 물어보았습니다. 「가셔서 무슨 일을 하셨습니까?」 「조직의 분위기를 쇄신하기 위해 많은 술을 마셨습니다.」

　개각이 단행될 때면 총선에서 낙선하거나 경선에서 탈락한 사람들, 또는 정권 창출에 힘 보탰던 사람들이 공공 기관의 장이 되려고 무진장 바빠진답니다. 전직 관료나 정치권 인사들이 상임 이사직을 차지하려고 물 샐 틈 없이 움직인답니다. 회사에서는 사외이사직이라도 얻어 내려고 평발이 마당발이 된답니다. 〈관피아〉, 〈정피아〉, 〈사피아〉의 등장입니다. 〈불의를 바로잡고 무분별한 일들을 고치고 권력의 남용을 막고 빚은 갚아 주어야 했다〉(전편 2장)는 돈키호테의 말을 곱씹어 볼 일입니다.

돈키호테에게 명예는 〈자신이 이루어 낸 위대한 업적에 합당한 상으로나 불멸의 몫으로서 원하는 것〉(속편 8장)으로, 〈전문 지식과 능력〉으로 일궈 내야 합니다.

건전한 사회가 되려면 지식과 능력에 맞는 대우가 이루어져야 한다는 건 삼척동자도 아는 사실이지요. 이런 상식조차 통하지 않는다면 나라에 미래가 없는 게지요. 각자 담당한 자리에서 열심히 일하여 전문 지식과 능력을 갖춘 사람이 한 계단 한 계단 위로 올라갈 수 있도록 사다리가 있어야 합니다. 아무리 노력해도 오르지 못할 나무가 있다면 정의로운 사회가 아닙니다.

괴테는 대성질호합니다. 〈죄와 더불어 실책을 미워한다. 특히 정치적 실책은 수백 만 명의 인민을 불행의 구렁텅이로 몰아넣기 때문이다.〉 대중의 인기에 영합하는 정치인은 전문 지식이나 능력이 아니라 대중의 무지와 감정에 올라탑니다. 제1차 세계 대전으로 패망한 독일이 자신들의 일그러진 정체성을 바로 세워 줄 리더가 절실했던 때가 있었습니다. 그때 〈내가 할 수 있다. 내가 할 수 있다〉라며 등장한 인물이 히틀러였습니다. 나라가 위기에 처하면 국민은 분별력을 잃습니다. 그는 국민에 의해 선출되었지요. 하지만 그는 그 국민을, 인류를 파괴했습니다.

정적을 자신의 참모로 기용했던 미국의 6대 대통령 존

퀸시 애덤스의 지도자에 대한 정의를 소개합니다. 〈만약 당신의 행동이 다른 사람들에게 더 크게 꿈을 꾸게 하고 더 많이 배우도록 하고, 더 나은 일을 하게 하고 더 훌륭한 인물이 되도록 영감을 불어넣는다면 당신은 지도자입니다.〉

미래의 지도자를 위하여

불의를 바로잡고 무분별한 일들을 고치고 권
력의 남용을 막으며 (……) (전편 2장)

1932년에 올더스 헉슬리가 『멋진 신세계』를 발표했을 때 사람들은 작가의 상상이 공상을 넘어 너무 나아갔다고 생각했다고 합니다. 우리나라에 소개되었을 때 사람을 달에 보내는 미국에서나 가능한 얘기라고 웃어넘겼다고도 합니다. 작가는 무모한 공상가를 넘어 망상가로 여겨졌지요. 이 소설이 과학의 발전으로 인간 유형이 출생 전에 결정되고 능력별 계급이 부여되고 그로 인해 인간성이 파괴되는 세계에 대한 이야기였기 때문입니다.

65년이 흐른 뒤, 1997년 앤드루 니콜 감독이 「가타카」를 세상에 내놓았을 때는 상상이기는 하지만 현실적으로 가능할 수도 있다는 생각으로 나아갑니다. 유전자 정보를 미리 알아 시험관 아기를 통해 완벽한 유전자를 가진 인간을 출산하여 이들이 세계를 지배하는 세상이 멀지 않은 시간에 도래할 수 있다고 했으니 말이지요. 다행히도 이 소설과 영화는 종국적으로는 인간 정신이 과학보다 우위에 있다는 긍정적인 메시지를 담고 있습니다. 인문 정신을 지지하고 있습니다. 아무리 과학 기술이 발전한다 해도 결국은 인간의 자유 의지와 정신력이 이길 것이라고 말이지요.

그런데 18년이 다시 흐른 2015년 유발 하라리 교수가 『호모 데우스』로 새로운 메시지를 세상에 던졌습니다. 인간이 과학의 힘으로 신이 될 수 있다고 말입니다. 인간이 신의 영역인 육체적인 불멸과 행복과 신성에 도전하게 되면서 말이지요. 문제는 여기에 있습니다. 그러한 일을 가능하게 하는 과학 발전이 모든 사람에게 공평하게 돌아가느냐, 하는 것입니다. 만일 정치인이나 기업의 수장들이나 유권자들이 경제 성장과 생태계의 안정 중에서 하나를 선택해야 하는 상황에 직면한다면 십중팔구 성장을 선택할 것이기 때문이랍니다. 그렇게 되면 가진 자, 있는 자만이 신이 된다는 승자독식, 약육강식의 딜레마에 처할 수밖에 없게 되겠지요. 가진 자만이 영원히 살아남고 그들보다 덜 가진 자는 영원히 떠나야 한다는 게지요.

미국의 문화인류학자인 클라이드 클럭혼과 그의 조력자들은 「행위 이론에서의 가치의 방향타와 가치들」이란 논문에서 인간이 지속적으로 추구해야 할 중요성인 가치와 반드시 요구되는 성질인 필요성과 인간의 이상에 대해 역설하고 있습니다. 필요성과 가치는 동전의 양면이며, 이상이란 구체적인 상황에서 표출되는 가치들을 보게 하는 초석이라는 종교사회학자 토마스 오데아의 말을 인용하고 있습니다. 이러한 가치와 필요성과 이상에 근거하여 인류가 상생하고 공존하기 위해 우선적으로 선택하고 추구해야 할 목표가 설정됩니다. 건강, 물질적 풍요, 안전, 교육(지식), 자유, 정의, 생태계 보존, 자기계발과 사랑, 자비, 인류애를 포함한 도덕 함양입니다.

지금까지 세상에 존재했고, 여전히 존재하고 있는 경제 체제는 자본주의와 공산주의입니다. 둘 중 어느 것이 좋고, 어느 것이 더 나쁜지에 대해선 의견이 분분하겠지만, 이론과 현실 사이의 간극으로 어느 것이 좀 더 바람직한지는 역사가 이미 증명해 주었습니다. 하지만 앞선 목표에 견주어 본다면 각각 상대적으로 우위를 점하는 항목들이 있음을 알 수 있습니다.

자본주의에서는 안전과 분배의 정의를 희생하는 대신 물질적 풍요와 자유의 가치를 높이 삽니다. 반면 공산주의는 그 반대지요. 물질적 풍요와 자유를 희생하는 대신 안전과 분배의 정의를 얻는 게지요. 두 체제 모두 바람직하지 않은 것으로 평가된 이유는 인간의 과도한 이기주의와 개인주의, 그리고 물질주의와 쾌락주의 때문이었습니다.

이것을 인간의 타고난 악한 본성 때문이라고 생각하지 않습니다. 인간의 통찰력 부재에 그 원인을 돌리고 싶습니다. 터무니없이 갈라놓고 적대시하고, 이념이라는 이름하에 현실에 눈감는 변증법적 사유의 부재 말입니다. 거기에 더하자면 알지만, 깨닫지만 행동으로 옮기지 못하는 용기의 부재가 있습니다.

돈키호테가 말하는 뒤틀린 세상을 바로잡아야 한다는 최소한의 사회적 의무감을 깨우기 위해 그 〈무분별한 일〉들을 증명할 자료를 이 자리에 다 가져올 필요는 없을 듯합니다. 유네스코와 세계은행에서 제시한 이 한 가지 자료로도 충분할 것 같습니다. 〈세계 군사 지출의 단 1퍼센트만 낮추어도 세계 모든 어린이를 충분히 칠판 앞에 앉게 할 수 있다.〉 공군 전투기 한 대 값이 교과서 8천만 권에 해당한다고 합니다.

인간은 누구나 다 평등하게 태어나지 않습니다. 기회가 공정하게 주어지지도 않습니다. 하지만 인간이라면 누구나 태생적 불평등을 넘어 인간으로서의 존엄과 가치를 지닙니다. 안락하고 만족스러운 삶을 추구할 수 있는 생명과 자유와 행복의 권리가 있습니다. 우리나라 헌법 제10조도

이를 명시하고 있습니다.

세르반테스가 『돈키호테』를 쓴 이유들 중 큰 하나는, 올바른 방향타 역할을 하지 못하고 오히려 많은 문제를 야기하는 당대 사회를 비판하기 위해서입니다. 나를 나로서 존재하지 못하게 하는 사회, 그곳을 지배하는 법칙들을 밝히고 잘못된 점을 지적하라는 것입니다. 그리고 피상적으로 날조된 경제, 정치, 사회, 교육, 종교 등 모든 분야에 있어서 상식을 깨치도록 하기 위해서입니다.

마지막으로는 돈키호테의 윤리 원칙입니다. 인간에게 필요한 가치들이 균형을 잃게 되는, 경제 논리로 촉발되는 모든 유무형의 비도덕성에 항거하기 위해서입니다. 군비 확산, 전쟁, 독재, 민족주의, 부정부패, 권력 남용, 모든 종류의 불평등에 대항하여 투쟁해야 한다는 새로운 정치, 경제, 사회 윤리의 적용입니다.

이러고 보면 『돈키호테』는 과학과 문명이라는 이름으로 비인간화되어 가고 있는 전체주의적 세계의 횡포에 맞선 인문 정신의 대표작인 게 분명합니다. 영원히 해결되지 않아 보이는 문제들에 해답을 제시하는 불멸의 작품으로 남게 될 게 확실합니다. 승자 독식이 될 과학 문명 앞에서, 어쩌면 자신의 삶과 죽음의 의미가 무엇인지 모르고 방황하게 될 인류의 위기 앞에서, 환경의 노예가 되고, 삶의 지표가 없어 불안에 떨고 방황하는 시대의 사람들에게 나침반이 되어 줄 수 있기 때문이지요. 자유롭고 귀족적인 영혼의 〈나〉와 따뜻하고 소박한 〈세상〉을 새로이 만들어 갈 수 있게 하기 때문입니다.

비록 돈키호테는 자신의 꿈을 이루지 못하고 침상에서 죽어 가지만 그 옆에는 또 다른 돈키호테가 된 산초가 있습니다.

나리, 돌아가시지 마세요. 그렇게 게으름뱅이로 있지 마시고요, 그 침대에서 일어나셔서 우리가 약속한 대로 들판으로 같이 나갑시다요. (……) 오늘 진 자가 내일은 이긴 자가 되기도 하는 것이니.(속편 74장)

아무리 어려운 일이 있어도 고귀하고 자유로운 영혼을 확보하고 세상에 정의를 내리며 인류를 위해 진실을 탐구하고 실천해야 하는 우리의 모험을 포기해서는 안 된다고 합니다. 돈키호테의 이성 상실을 책한다면 우리는 도덕 상실에 부끄러워해야 한다고 합니다. 그러니 보편적 인간 가치들의 수준을 전반적으로 높이면서 최대한의 균형이 이루어지도록 하기 위해 돈키호테와 산초처럼 분연히 일어나야 합니다. 진정한 〈진보〉와 참된 〈발전〉은 바로 이러한 일을 일구어 내는 데 있다고 『돈키호테』는 말하고 있습니다. 미래를 책임질 지도자란 바로 그러한 일을 현실로 보여 주는 자일 것입니다.

부록
『돈키호테』 명문 읽기

진실에 관한 말

역사가란 사실을 정확하게 그대로 기록해야지 사사로운 감정에 사로잡혀 개인의 욕심이나 두려움이나 한이나 편애와 같은 감정으로 진실을 왜곡해서는 안 되는 법이다. 역사는 진리의 어머니요 시간의 경쟁자이자 모든 행위의 창고이며 과거의 증인이고 현재의 본보기이자 깨우침이며 미래를 위한 경고이기 때문이다.(전편 9장)

정직하라. 거짓말은 죄를 두 번 짓는 일이다.(전편 25장)

충신은 아부하느라고 부풀리거나 쓸데없는 존경으로 줄이거나 하는 일 없이, 사실을 있는 그 모습 그대로 주인에게 말씀드리는 법이네.(속편 2장)

진실은 가늘어지기는 해도 깨지지 않으며 물 위에 기름이 뜨 듯 늘 거짓말 위에 드러나는 법.(속편 10장)

그분들의 기분을 살피기보다 먼저 내 직분을 수행해야 되기 때문이니 말일세. 사람들이 하는 말이 있잖은가. 〈플라톤은 나 의 친구이지만 진리는 나의 더욱 친한 친구이다.〉(속편 51장)

덕에 관한 말

위선과 허영은 아무리 신중한 마음이라도 슬그머니 장악해 버리는 적들이다.(속편 16장)

믿음을 지킬 줄 알아야 하네. 생각은 순결해야 하고, 말은 정 직하며, 행동은 관대하며, 사건에서는 용감하고, 역경에서는 인 내를 가지고, 도움이 필요한 자들에게는 자비를 베풀며.(속편 18장)

성스러운 법은 우리의 적에게 선을 베풀고 우리를 미워하는 자를 사랑하라고 명령하고 있소.(속편 27장)

어떤 사람은 오만한 야심의 광야로 가고, 어떤 사람은 천하 고 비굴한 아부의 광야로 가며, 또 어떤 이는 속임수 많은 위선 의 광야로 가지만, 나는 모든 사람에게 선을 베풀며 어느 누구 에게도 해를 끼치지 않는 게 목적이오.(속편 32장)

좋은 평판은 많은 재산을 가진 것보다 훨씬 낫다.(속편 33장)

자기 자신도 다스릴 줄 모르는 사람이 어떻게 다른 사람들을 다스릴 줄 알겠나?(속편 33장)

남의 눈에서 티끌을 보는 자는 자기 눈의 대들보를 볼 필요가 있습니다요.(속편 43장)

무릇 은혜를 모르는 것은 교만의 자식이며, 인간이 저지를 수 있는 가장 큰 죄악들 가운데 하나이다.(속편 51장)

자네가 다스리는 백성의 마음을 얻으려면, 누구에게나 예의를 다하여 대해야 하네.(속편 51장)

곤경과 용기에 관한 말

물러나는 것은 달아나는 것이 아니며, 위험이 희망을 앞지를 때 그저 기다리고만 있는 것은 분별 있는 행동이 아닙니다요. 지혜로운 자는 내일을 위해 오늘을 삼갈 줄 알고, 하루에 모든 것을 모험하지 않습니다요.(전편 23장)

고생에 동반자가 있으면 그 고생이 줄어든다.(속편 13장)

패한 자의 명성이 높으면 높을수록 승리한 자는 더욱더 영광

스럽게 되노라.(속편 14장)

용감한 자가 달아나는 경우는 속임수가 확실할 때이며, 더 나은 기회를 위해 자기 몸을 지키는 것은 신중한 자의 도리이다.(속편 28장)

빵이 있으면 고생도 할 만하지.(속편 55장)

오늘이 너의 날이면 내일은 나의 날이라지 않습니까요. 오늘 쓰러진 자 내일 일어날 수 있으니까요.(속편 65장)

번영할 때 즐거워할 줄 알듯 불운 중에는 고통을 감내할 줄도 아는 것이 용감한 가슴에 어울리는 일이다.(속편 66장)

정의와 자비에 관한 말

쇠사슬에 묶인 자에게 자유를 주고 포로를 풀어 주고 가엾은 자들을 도우며 쓰러진 자들을 일으켜 세워 주고 도움이 필요한 자들에게 도움을 주라.(전편 45장)

절대로 자네 멋대로 법을 만들고 그에 따라 일을 처리하지 말게. 이런 법은 흔히들 똑똑한 체하는 무지한 자들이 이용하는 것이라네.(속편 42장)

부자가 하는 말보다 가난한 자의 눈물에 더 많은 연민을 가지도록 하게.(속편 42장)

혹시 정의의 회초리를 꺾어야 할 경우가 있다면, 그것은 뇌물의 무게 때문이 아니라 자비의 무게 때문에 그렇게 해야 하네.(속편 42장)

체형으로 벌해야 할 사람을 말로써 학대하지 말게. 체형의 고통은 고약한 말을 보태지 않더라도 그 불행한 사람에게는 충분하네.(속편 42장)

자네의 사법권 아래 들어올 죄인을 타락한 우리 인간성에서 벗어나지 못한 자라고 생각하며 가엾게 여기게.(속편 42장)

하느님의 속성들이 모두 다 똑같이 훌륭하긴 하지만 특히 자비의 속성은 정의의 속성보다 훨씬 눈부시고 뛰어나 보이기 때문이네.(속편 42장)

나는 정의를 포기하지 않고 뇌물도 받지 않으며 이 섬을 다스릴 것이오. 그러니 모두가 눈 똑바로 뜨고 자기가 할 일에 마음을 쓰기 바라오. (……) 여러분이 꿀이 되면 파리가 여러분을 먹을 게요.(속편 49장)

판단을 내리기가 애매한 경우에는 자비 쪽으로 가서 자비에

호소하게.(속편 51장)

두려움을 주지만 지켜지지 않는 법은 마치 개구리들의 왕이었던 막대와 같은 것이 되고 말걸세.(속편 51장)

지혜에 관한 말

말은 조심해야 해, 산초. 물 항아리도 너무 자주 샘에 가면 (끝내는 깨어진다네.) (전편 30장)

불모의 메마른 땅도 거름을 주고 경작을 하면 좋은 결실을 낳게 되니까요.(속편 12장)

장님이 장님을 안내하다가는 둘 다 구덩이에 빠질 위험이 있는 법.(속편 13장)

저는 비록 바보이지만 〈개미에게 날개가 난 것은 그의 불행〉이라는 속담을 잘 알고 있습니다. 통치자 산초보다는 종자 산초가 훨씬 쉽게 천국에 갈 수 있을 겁니다요.(속편 33장)

십자가 뒤에 악마가 있다. 반짝인다고 다 금은 아니다.(속편 33장)

막중한 직책은 혼돈의 깊은 심연과 같은 게지. 지혜로우면

무슨 일에서도 실수가 없을걸세.(속편 42장)

바보는 자기 집에 있건 남의 집에 있건 아무것도 모르네. 바보라는 기초 위에는 그 어떤 튼튼한 건물도 세울 수가 없기 때문이네.(속편 43장)

인생에 관한 말

운이라는 것은 불행 속에서도 빠져나갈 문을 항상 열어 놓지. 불행을 해결하라고 말이지.(전편 15장)

한쪽 문이 닫히면 다른 쪽 문이 열린다.(전편 21장)

배고픔과 끝날 줄 모르는 궁핍함이야말로 사랑의 최대의 적.(속편 22장)

교황의 몸이 교회지기의 몸보다 땅을 더 차지하는 것은 아니니, 묘 구덩이에 들어갈 때면 누구나 구덩이에 맞춰서 움츠리고 들어가지요.(속편 33장)

날 때부터 배우고 나온 사람은 아무도 없고, 사제들도 인간에서 된 것이지 결코 돌에서 된 게 아니거든요.(속편 33장)

죽는 것만 빼고 무슨 일에든 다 방법이 있는 법.(속편 43장)

인생 별것 있소? 사느냐 아니면 죽느냐지. 그러니 우리 모두 살면서 서로 평화롭고 의좋게 먹읍시다. 하느님이 아침을 주시는 것도 다 우리 모두를 위한 게 아니겠소.(속편 49장)

삶에서 모든 것이 늘 같은 상태로 지속될 거라고 생각하는 것은 참으로 부질없는 짓이다. 세월은 멈출 줄 모르는 바퀴를 타고 구르고 또 구른다. 단지 인간의 목숨만이 세월보다 더 가볍게 그 종말을 향해 치닫는다. (……) 다시 시작해 볼 희망도 없이.(속편 53장)

권력이라는 것에는 그 자체로 불행이 따르기 마련이지.(속편 63장)

지은이 **안영옥** 한국외국어대학교 스페인어과를 졸업하고 스페인 마드리드 국립대학교에서 「오르테가 이 가세트의 진리 사상 연구」로 문학박사학위를 취득했다. 스페인 동 대학교에서 스페인 고급 문화 과정과 스페인 말라가 대학에서 고급 문학 과정을 수료했다. 1988년부터 현재까지 고려대학교 서어서문학과 교수로 재직 중이다. 1997년에는 오르테가 이 가세트 재단 초빙 교수, 2002년과 2005년에는 스페인 외무부 초빙 교수를 지냈다.

저서로는 『돈키호테를 읽다』, 『스페인 중세극』, 『스페인 문화의 이해』, 『올라, 에스파냐』, 『왜, 스페인은 끌리는가』, 『페데리코 가르시아 로르카』, 『스페인 문법의 이해』, 『작품으로 읽는 스페인 문학사』(공저), 『열정으로 살다 간 스페인어권 여성』(공저) 등이 있고 번역서로 『돈키호테』 1, 2권, 『엘 시드의 노래』, 『좋은 사랑의 이야기』, 『라 셀레스티나』, 『세비야의 난봉꾼과 석상의 초대』, 『인생은 꿈입니다』, 『케베도 시선』, 『예술의 비인간화』, 『피의 혼례』, 『예르마』, 『베르나르다 알바의 집』, 『세 개의 해트 모자』, 『죽음의 황소』, 『러시아 인형』 외 다수가 있다.

돈키호테의 말

발행일 2018년 3월 30일 초판 1쇄

지은이 안영옥
발행인 홍지웅 · 홍예빈
발행처 주식회사 열린책들

경기도 파주시 문발로 253 파주출판도시
전화 031-955-4000 팩스 031-955-4004
www.openbooks.co.kr

Copyright (C) 안영옥, 2018, *Printed in Korea*.
ISBN 978-89-329-1882-2 03190

이 도서의 국립중앙도서관 출판예정도서목록(CIP)은 서지정보유통지원시스템 홈페이지(http://seoji.nl.go.kr)와 국가자료공동목록시스템(http://www.nl.go.kr/kolisnet)에서 이용하실 수 있습니다.(CIP제어번호:CIP2018008767)